Direction éditoriale : Hélène Tellier
Coordination éditoriale : Marion Balbarie
PAO et photogravure : Francis Rossignol

© 2023 Losange / Éditions Artémis - Chamalières – France
pour la présente édition
www.editions-artemis.com

ISBN : 978-2-8160-2070-0
Dépôt légal : juin 2023

Achevé d'imprimer : avril 2023
Imprimé en Europe par Impression World

Toute reproduction ou représentation, intégrale ou partielle,
par quelque procédé que ce soit (reprographie, microfilmage,
scannérisation, numérisation...) de la présente publication, faite
sans l'autorisation de l'éditeur est illicite – article L122-4 du Code
de la propriété intellectuelle – et constitue une contrefaçon
sanctionnée par les articles L335-2 et suivants du Code
de la propriété intellectuelle.

Les demandes d'autorisation de photocopier
doivent être adressées à l'éditeur
ou auprès du Centre Français d'exploitation
du droit de copie (CFC) :
20, rue des Grands-Augustins –
75006 PARIS – Tél : 01 44 07 47 70

Romain Gibert, Vincent Richier, Aurélien Vidal,
Loïc Masson, Damien Teissier

SOMMAIRE

PRÉFACE 7

INTRODUCTION 9

LES BASES DU BARBECUE 10

Matériel et accessoires 12

Le choix des aliments 17

Techniques de base 20

La magie des épices 32

Les boissons et le barbecue 39

LES RECETTES DE VIANDES 40

Frango assado ou poulet à la portugaise 42

Souris d'agneau confite 44

Meatball 46

Effiloché de bœuf 48

Côte de bœuf en cuisson inversée 50

Ribs de bœuf 51

Ragoût de bœuf à la bière 52

Dinde effilochée 54

Bonbons de porc au miel de pays 58

Carré de cochon fumé au foin 60

Quasi de veau fumé au foin 64

Échine de porc effilochée (pulled pork) 66

Saucisson brioché 68

Chili du Puy 70

Pastrami 72

STREET-FOOD 74

Burger des champions 76

Kebab du Mézenc 78

Pain auvergnat 80

Nachos fumés 81

Kebab du chasseur 82

Halloumi burger 84

POISSONS & CRUSTACÉS 86

Saumon cuit en feuille de cerisier 88

Queues de langoustes 90

Saumon sur planche de cèdre 92

LÉGUMES & ACCOMPAGNEMENTS 94

Moutabal. 96

Potimarrons fumés. 98

Champignons farcis à la ricotta 100

Coleslaw 104

Pommes de terre frappées 106

Salade de sucrines grillées. 107

Camemberts fumés 108

DESSERTS 110

Moelleux aux marrons. 112

Crumble aux pommes 114

Pots de crème fumée au chocolat 116

Fondants au chocolat et chantilly fumée. 118

Ananas rôti 120

PÂTES ET PAINS. 122

Pains pita 124

Pains burger 126

Pâte à brioche 128

SAUCES 130

Sauce BBQ 132

Chimichurri. 134

Relish. 136

Sauce blanche 138

Sauce piquante à l'ail. 139

PRÉFACE

UNE HISTOIRE DE RIPAILLE,
par les Ripailleurs

*Le barbecue commence là où s'arrête le travail de l'artisan,
quand il s'agit de sublimer par le feu ce qu'il y a de magnifique.*

Vous êtes l'exemplarité de cette passion qui nous anime :
L'ART PRIMAIRE CULINAIRE
Authenticité - Générosité - Partage

Ces valeurs sont transmises par votre cuisine et votre amitié.

BIG T
Pitmaster BBQ

INTRODUCTION

L'AMITIÉ ET LE PLAISIR

Aux origines, l'amitié. C'est à Saint-Julien-Chapteuil (43), terre de ripailleurs, que nous cinq sommes devenus amis. Ça fait près de 20 ans que la bande se fréquente, et pour certains, c'était même bien avant de savoir allumer un barbecue.

AUTOUR DE LA TABLE, LE PLAISIR...

Les meilleures idées sont toujours formulées autour d'un verre. Et c'est justement attablés, en 2020, que nous décidons sans autre raison que de passer un week-end ensemble, de participer aux championnats de France de barbecue, aux Saintes-Maries-de-la-Mer. Nous y décrocherons le premier de nos autres titres. Nous y sommes retournés en 2021, avec le même état d'esprit, et nous décrocherons trois autres titres dont celui de Grill Master.

... TOUJOURS LE PLAISIR

Nous avons profité de ces succès pour officialiser la team des Ripailleurs, en créant une association pour promouvoir la gastronomie, notre terroir et l'art de la ripaille lors d'événements festifs, sportifs et caritatifs. Notre seule ambition est de nous faire plaisir et de faire plaisir. Nous ne sommes pas des professionnels et ne souhaitons pas le devenir, nous sommes des passionnés et souhaitons le rester.

C'est avec enthousiasme et passion que nous vous présentons notre premier livre de recettes *À table avec les Ripailleurs*. Vous y trouverez toutes sortes de plats savoureux qui sauront régaler vos papilles et celles de vos compagnons de ripailles.

Si l'objectif premier de ce livre est de vous partager nos instants de convivialité et de gourmandises, nous espérons, avec humilité vous y apprendre quelques trucs et astuces.

On aime résumer la cuisine au barbecue ainsi : « Un barbecue, il faut du feu, une grille et des copains. Sans ça le barbecue n'existe pas ». Nous espérons que ces recettes vous inspireront pour vos prochaines soirées entre amis ou en famille, et que vous prendrez autant de plaisir à les préparer que nous avons eu à les écrire.

Ce livre est avant tout une histoire d'amitié, le reflet de nos moments de ripaille...

À table, et bon appétit !
Les Ripailleurs

LES BASES DU BARBECUE

MATÉRIEL ET ACCESSOIRES

Un barbecue de type Kettle

CHOIX DU BARBECUE

Il y a tellement de modèles sur le marché qu'il nous faudrait dédier un ouvrage entier pour vous les présenter. Néanmoins, en nous basant sur nos expériences, et sans être exhaustifs, nous pouvons vous suggérer quelques modèles. Il vous appartient de choisir votre matériel selon votre environnement, vos moyens, vos usages et vos préférences personnelles. Le barbecue ne fait pas le *Pittmaster* (champion de barbecue aux États-Unis et au Canada).

Si vous débutez, optez pour un barbecue facile à prendre à main et polyvalent de type *Kettle*, les fameux barbecues inventés par Weber®, que l'on retrouve désormais chez d'autres marques comme Napoléon, pour ne citer qu'eux. Ces modèles vous permettront de tout faire : fumage à froid, fumage à chaud, cuissons longues, etc., grâce à leur confection en forme de sphère, les arrivées d'air réglables et le couvercle, éléments indispensables pour maîtriser l'ensemble des cuissons. Jusqu'à il y a peu, nous cuisinions encore dessus, et la plupart des Ripailleurs possèdent encore ce modèle.

Si la passion vous a gagné, et que votre bourse vous le permet, vous pourrez vous tourner vers les barbecues plus évolués, tels les *Kamado*, ces barbecues en céramique ultra polyvalents et qui sont incroyablement stables dans la gestion de la température, ou encore les fumoirs décalés (ou *smokers offset*), typiquement américains, dans lesquels la partie où on met le combustible est décentrée sur le côté.

Chez les Ripailleurs, on utilise réellement deux types de barbecue :
· Des *Kamado* de la marque Kokko®. En plus d'être polyvalent, ces barbecues d'origine japonaise sont magnifiques.
· Un fumoir de marque Hamrforge®. Moins polyvalent que le *Kamado*, Le *Beast* est idéal pour cuire les aliments par circulation de la fumée. C'est un monstre de près de 600 kilos qui nous permet de préparer de grosses pièces ou de grosses quantités de viande, et surtout de réaliser des recettes où le fumage est indispensable.

Un Kamado de la marque Kokko® avec ses accessoires

Le Beast pour le fumage et les grosses quantités

LES COMBUSTIBLES

Et pour faire fonctionner votre barbecue ou encore votre fumoir, il faudra vous doter de combustibles. Chez les Ripailleurs on se limite au bois pour notre fumoir et au charbon en gros morceaux pour le barbecue. Évidemment, vous pourrez opter pour un barbecue à gaz, à pellets, ou encore électrique.

Et comme vous le constaterez dans ce livre, nous utilisons régulièrement des bois de fumage ou même du foin pour fumer nos préparations. En ce sens, le barbecue à charbon et le fumoir nous paraissent plus adaptés à notre pratique.

Les accessoires

Si au minimum on peut se contenter d'un barbecue et d'un combustible, certains outils et ustensiles rendront votre pratique plus sécurisée (gants, allume-feu) ou plus facile et précise (couteaux, aiguiseur, pinces, thermomètre, seringues d'injection, pinceaux de cuisine, vaporisateur). Voici nos quelques indispensables.

·*Allume-feu*

Finie la corvée d'allumage lorsque vous possédez ce consommable indispensable. Un seul trouve grâce à nos yeux : l'allume-feu naturel en laine de bois. Il suffit de répartir votre combustible sur votre grille foyère et de placer un ou plusieurs allume-feux, selon si vous visez une chaleur modérée ou les flammes de l'enfer.

·*Brosse métallique*

Pas de grillades sans grille propre ! Si le nettoyage n'est pas votre fort, respectez cette routine : allumez votre barbecue, laissez votre grille monter en température 15 minutes et frottez-la énergiquement avec votre brosse métallique.

·Couteaux

Pour couper les viandes, poissons et légumes, les éplucher, il est indispensable d'avoir de bons couteaux. Il en existe de toutes formes et de toutes tailles, et pour être à l'aise dans la réalisation de nos recettes, il vous faut à minima posséder un couteau de chef, un d'office, un économe et un couteau à désosser. Le temps viendra où comme nous, vous aimerez posséder d'autres couteaux, en tant que bel objet ou bien pour des usages particuliers.

·Aiguiseurs

Qui dit couteaux, dit aiguisage ! Soit vous avez la technique pour entretenir le fil de vos couteaux au fusil à aiguiser, soit il vous faudra investir dans un aiguiseur « assisté ». Comme chez les Ripailleurs nous sommes plus doués pour fumer de la viande que pour aiguiser nos couteaux, nous avons opté pour la seconde option, avec un aiguiseur par engrenage Horl® et plus récemment par un affûteur Tormek®.

·Spatules et pinces

Choisissez-les robustes et suffisamment longues pour éviter de vous brûler lorsque vous manipulerez les ingrédients sur la grille. Une pince dédiée à la manipulation du charbon et des braises sera un plus.

Aiguiseur Horl®

Affûteur Tormek®

· Gants isolants

Les risques de se brûler sont nombreux lorsque l'on cuisine au barbecue. Procurez-vous des gants isolants, suffisamment longs pour vous protéger les avant-bras.

· Thermomètre à sonde

Parmi nos recettes, nombreuses sont celles dont les étapes de réalisation mentionnent des températures à cœur. Pour estimer avec précision les températures, munissez-vous d'un thermomètre digital à sonde. Il en existe de nombreux modèles, connectés ou non, avec ou sans fil... Ils font tous le job !

· Les petits plus

> **Seringue d'injection** : et si après avoir parcouru les recettes de notre livre, vous souhaitez passer à la vitesse supérieure, en injectant vos viandes de saumure ou d'autres liquides ? Une seringue d'injection est bon marché, privilégiez-la en inox.

> **Gants à usage alimentaire en nitrile** : même lorsque l'on cuisine pour soi, le respect de l'hygiène et par conséquent de la propreté des mains est essentiel. Certaines recettes exigent la plus grande vigilance pour éviter le développement de bactéries, comme pour la réalisation de la saumure d'un pastrami, et le port de gants à usage alimentaire est à respecter.

> **Pinceau de cuisine** : lorsque vous badigeonnez une viande d'huile de marinade ou encore d'huile d'olive pour faire accrocher votre rub, c'est toujours plus agréable de le faire avec un pinceau de cuisine plutôt qu'avec les mains ou des gants. Il vous servira également pour dorer vos buns et vos pâtes à brioche...

> **Vaporisateur** : dans les cuissons longues, il est recommandé de vaporiser régulièrement vos pièces de viande de liquide pour apporter de la saveur ou encore pour éviter l'assèchement. Selon les recettes, nous utilisons un vaporisateur rempli de jus de fruits, d'eau ou de vinaigre.

> **Bac alimentaire** : le casse-tête de la mise en saumure d'une belle pièce de viande peut être évité si on dispose d'un bac alimentaire à bord haut. Le bac pourra également servir pour appliquer les mélanges d'épices sans en mettre partout sur votre plan de cuisine.

LE CHOIX DES ALIMENTS

Autant que possible, nous privilégions les aliments de saison et les produits locaux. Nous avons la chance de vivre au cœur de l'Auvergne, et plus particulièrement dans le massif du Meygal à Saint-Julien-Chapteuil. Cette terre de volcans nichée dans le Velay est une terre de gourmands, berceau du bœuf AOP Fin Gras du Mézenc, de l'agneau Noir du Velay, et de tant d'autres produits d'exception.

Nos bouchers préparent ces viandes avec savoir-faire : Gabin Benoit-Faisandier, meilleur apprenti boucher de France en 2017 (Saint-Julien-Chapteuil), Mickaël Chabanon, MOF (Meilleur ouvrier de France), champion d'Europe et champion du Monde de boucherie (Le Puy-en-Velay) ou encore Thomas Bessette, maître affineur (Brives-Charensac). Que ce soit chez nos trois bouchers stars ou bien chez les nombreux autres artisans de la bonne viande que l'on compte en nombre chez nous, nous choisissons toujours nos viandes avec les mêmes critères.

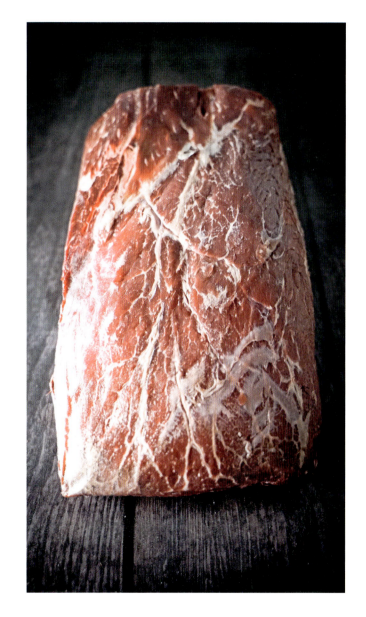

L'origine

En consommant des races locales, élevées à proximité de chez nous, on sait que l'on ne va pas réaliser une *brisket* (recette traditionnelle de poitrine de bœuf dans le barbecue américain) bien grasse et juteuse que l'on aurait fait avec une pièce issue d'élevages intensifs américains. On travaille donc des recettes adaptées à la viande qui se trouve sur les étals de nos bouchers, et il y a de quoi faire, comme vous le constaterez dans cet ouvrage.

La qualité

Dans le bœuf on va par exemple chercher une viande maturée à minima quelques semaines, idéalement persillée. Pour le porc, viande ancrée dans la tradition de la salaison omniprésente en Auvergne, nous allons privilégier les races et les bêtes suffisamment grasses. Pour les autres viandes, telles que l'agneau ou encore le veau, ce sont les qualités de l'élevage qui feront la différence dans l'assiette, comme avec les veaux élevés sous la mère ou encore l'agneau Noir du Velay, pour lequel la race et le mode d'élevage apportent une viande raffinée.

Le prix

La qualité se paye et il faut rémunérer les producteurs et artisans au juste prix. Néanmoins, nous ne sommes pas enclins à surpayer des produits qui auraient traversé le monde, pour avoir le privilège de déguster du bœuf de Kobé à plus de 300 € le kilo.

Concernant les autres ingrédients, tels que les légumes, nous tâchons de respecter au maximum la saisonnalité et l'origine des produits, sans toutefois en faire un dogme, mais ce sont nos valeurs. En aucun cas nous ne voudrions les imposer à nos lecteurs. Nous les partageons simplement, parce que ce sont aussi ces valeurs qui définissent les Ripailleurs. Et puis on aime bien rapprocher des mondes que tout oppose : les produits de notre terroir et la cuisine au barbecue, moins conventionnelle et traditionnelle que celle de nos mamans.

TECHNIQUES DE BASE

CUISSON DIRECTE ET INDIRECTE

Lorsque nous découvrons le barbecue, nous agissons tous de la même manière, nous allumons un feu avec du charbon ou du bois, nous plaçons notre grille juste au-dessus des braises obtenues et nous faisons griller la viande. Si cette méthode de cuisson, appelée cuisson directe, est adaptée pour griller et saisir des pièces peu épaisses à des températures élevées, telles que des steaks, des brochettes ou encore des saucisses (même si pour ces dernières, on privilégie une cuisson plus lente et indirecte), on peut explorer tout un nouvel horizon avec la cuisson indirecte !

Intérieur du barbecue en cuisson directe

Maîtriser un second mode de cuisson avec la cuisson indirecte va ouvrir votre champ des possibles et vous permettre de cuire de façon homogène, plus lente, très souvent à des températures moins élevées, des pièces plus grosses, et préparer des recettes qui nécessitent une cuisson plus douce.

On peut rapprocher la cuisson indirecte de la cuisson au four : les produits ne sont pas en contact ou presque avec la source de chaleur. Ils seront cuits par la circulation de l'air, chauffé par votre combustible. Dans un barbecue à charbon de bois classique, il suffira de placer le charbon uniquement sur les côtés et garder un espace vide au centre de votre grille foyère. Il existe d'ailleurs des paniers à charbon, prévus à cet effet. Vous pourrez ainsi mettre votre viande au centre de la grille et ne pas la faire saisir au-dessus de vos braises. Dans un barbecue à gaz, c'est encore plus simple, il suffit de placer votre pièce de viande ou de poisson sur la grille, et d'allumer les brûleurs qui sont situés à l'écart, donc pas celui ou ceux situés dessous. La cuisson indirecte est celle utilisée pour les recettes de viande effilochée, de pastrami, les rôtis…

Régulièrement, vous utiliserez à la fois la cuisson directe et la cuisson indirecte : cuire un aliment pendant une certaine durée, sans le saisir ni le griller (cuisson indirecte) puis le saisir en fin de cuisson, pour créer une croûte savoureuse par exemple (cuisson directe).

Intérieur du barbecue en cuisson indirecte

Fumage

Le fumage se pratique partout dans le monde, que ce soit pour conserver les aliments ou encore pour apporter une saveur supplémentaire à sa recette. Les techniques sont infiniment variées et la méthode ultime n'existe pas. Dans ce livre, nous parlerons de fumage à chaud, que nous pratiquons à des températures comprises entre 75 °C et 180 °C, selon le produit fumé, le goût et la texture recherchés, et de fumage à froid, pour fumer des liquides ou des aliments sans les cuire.

Dans un barbecue à charbon avec couvercle, on pratique le fumage à chaud en ajoutant à la braise des copeaux ou morceaux de bois (en sélectionnant les essences selon le goût recherché et le type de produit à fumer) et même du foin, notre péché mignon chez les Ripailleurs. Après la fermeture du couvercle, les flammes vont s'étouffer et la fumée produite va modifier l'aspect du produit, et lui donner une nouvelle saveur.

Dans notre fumoir décalé (*smoker offset*), les aliments seront naturellement et obligatoirement fumés, du fait du type de cuisson, par circulation de l'air et des fumés générées depuis l'espace de combustion du bois, vers la chambre de cuisson.

Pour le fumage à froid, on va utiliser la fumée générée par une combustion lente de sciure, ou, de manière plus originale, de foin, sans toutefois créer de braises afin de ne pas cuire les aliments. On utilise par exemple des serpentins à sciure, que l'on dispose sur la grille foyère de notre barbecue, remplis de sciure qui va se consommer lentement et fumer les aliments à proximité. Ainsi, vous pourrez par exemple fumer du saumon, mais aussi du fromage ou des liquides (lait, crème), qui rentreront dans la préparation de vos recettes, et même des épices.

Pour ceux qui souhaitent approfondir leurs connaissances du fumage, nous ne pouvons que vous inciter à lire l'ouvrage de Steven Raichlen, *Les pros du fumoir*, aux éditions Gerfaut.

La maîtrise des températures

Contrairement à de nombreux ouvrages de cuisine, l'ensemble de nos recettes est guidé par deux variables : la température de votre barbecue et la température interne de votre produit. Il est donc indispensable de vous munir d'un thermomètre à sonde. Pourquoi ? Parce que mesurer, c'est maîtriser !

· *La température de votre barbecue*

La compétence numéro 1 dans la cuisson au barbecue est la maîtrise des températures. Atteindre et maintenir une température demande du savoir-faire que vous allez acquérir avec l'expérience… et les échecs ! C'est d'autant plus difficile sur les barbecues au charbon et les fumoirs. Il y a néanmoins des techniques et des astuces pour y arriver :

> **L'allumage :** si vous visez une température basse ou moyenne, il faut démarrer votre feu en conséquence. Inutile de placer des allume-feux dans tous les recoins. Utilisez-en un seul et vos braises se consumeront progressivement, en générant moins de chaleur.

> **Le choix du combustible :** sans entrer dans des explications scientifiques, le pouvoir calorifique varie d'un combustible à l'autre. Autrement dit, vous obtiendrez des températures différentes en variant les essences de bois, et les variétés de charbon.

> **Les flux d'air :** la règle est simple, plus il y a de flux d'air, et plus la température de votre barbecue va augmenter. On augmente et on diminue les flux d'air en jouant avec les aérations (entrée et sortie). Gérer la montée est plus facile que la descente (on ne parle pas de vélo mais bien de barbecue). Gardez en tête que vos barbecues, selon leur conception, ont une inertie plus ou moins importante. Ils conservent donc plus ou moins bien la chaleur générée dans la durée. Dans l'exemple des barbecues de type *Kamado*, réputés pour leur grande inertie, et donc leur grande stabilité, il est conseillé de partir doucement, pour ensuite augmenter les flux d'air en ouvrant les entrées et sorties plutôt que de

partir haut, et de chercher à diminuer la température pour atteindre la cible, ce qui prendrait trop de temps. Ce principe s'applique en fait à tous les barbecues.

> **La distance aliment/source de chaleur :** ça peut paraitre idiot mais en jouant sur la distance entre votre source de chaleur et vos aliments, vous jouez sur la température de cuisson. Si vous ne disposez pas d'une grille réglable en hauteur, créez une zone chaude dans votre barbecue, et une zone froide, en plaçant les braises d'un côté de la grille foyère, et en laissant un espace vide de l'autre. Vous pourrez ainsi éloigner ou rapprocher vos aliments de la source de chaleur.

> **Le couvercle :** l'utilisation du couvercle est indispensable. Sans couvercle, on ne maîtrise plus les flux d'air, et des flammes non maîtrisées vont griller vos aliments… Avec le couvercle, on va surtout avoir une chaleur plus homogène tout en maintenant un taux d'humidité constant.

· *Les températures internes*

La température interne, ou température à cœur, des aliments détermine la valeur à atteindre en fin de cuisson. Dans les pages suivantes, nous vous indiquons qu'il faut laisser reposer la viande entre la cuisson et la dégustation. La température de votre viande continuant de monter de 3 à 5 °C pendant le repos, il faut en tenir compte dans la lecture des températures cibles. Si vous souhaitez manger une côte de bœuf saignante, on estime qu'il faut atteindre 55 °C à cœur au moment de la dégustation, il faudra donc la sortir du barbecue à 52 °C et la laisser reposer. Dans les recettes de ce livre, nous vous indiquons des températures de sortie de cuisson.

Lorsque la viande est emballée, vous pouvez tout de même mesurer la température en perçant l'emballage avec la sonde du thermomètre.

La gestion de la température est au cœur de la cuisine au barbecue

L'emballage

Lorsqu'on réalise une recette en cuisson longue comme pour un effiloché, il faut user de quelques astuces pour conserver l'humidité de la viande et éviter qu'elle ne se dessèche. On utilise souvent la technique de l'emballage (ou *wrap*).

Lors de la préparation d'une échine de porc effilochée, vous allez constater le phénomène du plateau, lorsque la température de votre viande va se stabiliser et arrêter de monter. Ce phénomène peut durer des heures, et on aurait tendance à vouloir augmenter la température du barbecue pour le contrer. Cette stagnation se produit car, en voyant sa température augmenter, la viande libère de l'humidité, qui va s'évaporer à sa surface et refroidir la viande. C'est le même phénomène que la transpiration !

Une fois que la viande s'est parée d'une belle croûte et qu'elle s'est bien imprégnée du goût de fumée, on l'emballe hermétiquement dans du papier aluminium ou du papier boucher afin de stopper l'évaporation. Au-delà de vous aider à obtenir une

Emballer la viande permet d'éviter qu'elle se dessèche

viande tendre et juteuse, vous allez aussi réduire le temps de cuisson. On peut profiter de l'emballage pour y adjoindre des liquides pour nourrir la viande, tels que du jus de fruits, du vinaigre ou même du beurre.

On conseille généralement d'emballer quand on atteint 70 °C interne, qui coïncide généralement avec l'atteinte du plateau (la température interne qui stagne). Avec le temps, vous saurez vous-même quand emballer, dès lors que le fumage et le *bark* (la croûte externe qui se forme quand on cuit longuement une viande au barbecue ou au fumoir) seront satisfaisants. En emballant trop tôt, votre viande pourrait ne pas être assez fumée ou encore avoir une texture pâteuse quand on recherche à obtenir un bon *bark* et un intérieur fondant.

L'emballage n'est pas obligatoire, on peut aussi vouloir conserver une croûte prononcée, mais dans ce cas, il faudra apporter de l'humidité à votre viande de manière différente, en vaporisant votre viande de liquide régulièrement, ou en créant une source d'humidité dans votre barbecue (une barquette remplie d'eau par exemple).

LE REPOS

À la fin d'une cuisson, une pièce de viande mérite un temps de repos, afin de la décontracter et de l'attendrir. Pendant ce temps de repos, les jus vont se répartir uniformément dans le morceau. Le temps de repos dépend de la taille de la pièce de viande, de quelques minutes pour un steak, et jusqu'à une heure ou plus pour des pièces de plusieurs kilos.

Pour faire reposer votre viande, disposez-la dans un plat et couvrez-la de papier aluminium. Si la fin de cuisson s'est faite emballée, vous pouvez la laisser dans son *wrap* et la placer dans une glacière pour mieux l'attendrir. Et conservez à l'esprit que la température continue de monter de 3 °C environ pendant ce repos, donc tenez-en compte pour viser la bonne température cible.

LA MAGIE DES ÉPICES

ÉPICES

Les épices sont des ingrédients indispensables en cuisine pour ajouter de la saveur et de la couleur aux plats. Elles peuvent être utilisées fraîches ou séchées, entières ou moulues, et leur utilisation varie selon les traditions culinaires, les préférences personnelles et les ingrédients utilisés.

Le choix est immense, et un seul livre ne suffirait pas à les présenter toutes. Les épices et condiments les plus couramment utilisés dans la cuisine au barbecue sont :

> **Paprika** : il s'agit de piment doux ou de poivrons séchés et moulus en une fine poudre rouge. On trouve parfois du paprika en flocon. Il est souvent utilisé dans les mélanges d'épices pour le barbecue pour ajouter de la couleur et de la saveur.
> **Cumin** : épice terreuse et aromatique qui est souvent utilisée pour donner de la saveur aux viandes grillées.
> **Poudre d'ail** : ingrédient couramment utilisé dans les mélanges d'épices pour le barbecue.
> **Poudre d'oignon** : souvent utilisée dans les mélanges d'épices pour le barbecue pour ajouter de la saveur et de la douceur à la viande.
> **Poivre noir** : épice courante dans la cuisine du barbecue pour donner de la saveur à la viande.
> **Sel** : ingrédient de base dans la plupart des mélanges d'épices. Il aide à assaisonner la viande et à former une croûte croustillante lors de la cuisson.

D'autres ingrédients sont couramment utilisés dans la cuisine du barbecue, en entrant notamment dans la composition des rubs tels que le sucre et la cassonade, le paprika fumé, le thym, le romarin, les graines de moutarde ou encore la coriandre sous toutes ses formes. Des mélanges d'épices sont également disponibles dans le commerce, mais les découvrir et les façonner soi-même est tellement simple et participe à notre parcours d'apprentissage culinaire.

Les rubs ou mélanges d'épices

Un rub est un mélange d'épices, de sel et de sucre, que l'on frotte sur la surface de la viande avant la cuisson. Contrairement à une marinade qui nécessite une immersion plus ou moins prolongée, un rub ne nécessite qu'un frottage rapide sur la viande, après l'avoir huilé ou badigeonné de moutarde, par exemple, pour faire adhérer le mélange d'épices.

L'utilité du rub est de donner de la saveur à la viande, d'améliorer sa texture et de former une croûte croustillante lors de la cuisson. Le sel et le sucre aident à former cette croûte en réagissant avec les protéines de la viande, tandis que les épices ajoutent de la saveur. Les ingrédients d'un rub peuvent varier en fonction des préférences personnelles, de la région géographique et du type de viande utilisé. Les rubs seront la base de vos barbecues réussis, et on vous partage quelques recettes dans ces pages. Rien de plus simple : on mélange, et on pilonne !

Quelques astuces néanmoins pour vous accompagner dans votre créativité : le duo sel/poivre fait des merveilles sur le bœuf, qui ne s'accommode pas forcément bien avec le sucre, contrairement au poulet ou au porc. Ensuite, tout n'est qu'une histoire d'association de goûts, et de maîtrise des quantités : paprika, herbes sèches, graines torréfiées, citron séché, ail en poudre, etc., laissez libre cours à votre imagination et testez, testez... et testez encore !

Marinades

Les marinades peuvent être un excellent moyen d'ajouter de la saveur et de la tendreté aux aliments cuits au barbecue. Il est important de trouver un équilibre entre la quantité de marinade utilisée et le temps de trempage pour obtenir les meilleurs résultats. Chez les Ripailleurs, nous utilisons peu les marinades, et leur préférons les rubs (également appelés marinades sèches), plus adaptés à notre pratique de la cuisine au barbecue dans laquelle nous apprécions les fumages, et les cuissons longues.

Saumurage

Le saumurage de la viande est un procédé qui consiste à plonger les morceaux dans une saumure (un bain d'eau salée), dont la concentration saline, mais aussi la durée d'immersion, dépend de la pièce à saumurer et de son poids. Bien que le procédé fût déjà en vogue chez les Romains, le saumurage fait appel à des principes simples de chimie. La concentration d'eau et de sel dans la viande est plus basse que dans la saumure. Il y a donc un déséquilibre. Pour le compenser, le sel et l'eau pénètrent dans la viande par les processus d'osmose (eau) et de diffusion (sel) et s'y répartissent uniformément.

Une viande saumurée perd moins de jus lors de la cuisson et devient plus tendre. Plus la pièce de viande est grande, plus elle doit rester longtemps dans la saumure. Dans le cas des saumurages longs (plusieurs jours), il faut veiller à ajouter à votre saumure des sels nitrités pour prévenir ou ralentir la croissance microbienne et la production de toxines. Habituellement, chez les Ripailleurs, on saumure entre 4 et 5,5 %. Pour une cuisse de dinde, on compte 6 à 10 heures, 12 à 18 heures pour un poulet, et pour les plus gros morceaux comme la poitrine de bœuf (pour la réalisation d'un pastrami par exemple), on va jusqu'à 3 semaines.

On saumure une viande pour la conserver et/ou pour l'attendrir et la rendre plus juteuse.

Injection

Le procédé est proche du saumurage, à la différence qu'on injecte directement la préparation dans la chair. En injectant, à l'aide d'une seringue spéciale, on va pouvoir attendrir la viande (principe d'osmose) et éventuellement y apporter de nouvelles saveurs, et ce, quasi instantanément. Aussi, on peut injecter tous types de liquide : alcools (bière, whisky), des jus de fruits, des liquides gras (beurre, graisse de canard) et bien sûr de l'eau aromatisée.

On injecte une viande pour l'attendrir et/ou rehausser les saveurs.

LES BOISSONS ET LE BARBECUE

En plus d'être des compagnons de tablée à nos ripailles, les boissons, qu'elles soient alcoolisées ou non, jouent un rôle essentiel dans la cuisine au barbecue. Le vin, la bière, les spiritueux, les jus de fruits, ou encore les vinaigres vont venir apporter une touche supplémentaire à vos recettes, et ce, en les utilisant de plusieurs façons :

> **Des marinades** : les marinades à base de bière ou de vin peuvent ajouter une saveur subtile à vos préparations, comme dans la recette du poulet à la portugaise.
> **La cuisson lente** : la bière peut être utilisée dans la cuisson lente. Par exemple, vous pouvez utiliser de la bière brune pour préparer un ragoût de bœuf, elle ajoutera de la saveur et de la profondeur.
> **Les sauces** : le vin peut être utilisé pour préparer des sauces pour les viandes et les pâtes. Évidemment, tout le monde connaît la sauce au vin qui accompagne à merveille des magrets de canard ou encore une entrecôte.
> **Le flambage** : au-delà du côté spectaculaire, la saveur de l'alcool utilisé (Grand Marnier, pastis, rhum...) va donner un coup de boost à vos plats.
> **L'emballage** : comme il est précisé dans les pages précédentes, l'emballage peut être l'occasion d'ajouter un liquide pour nourrir la viande (bière, vinaigre, jus de fruits...)

Et parce qu'il n'y a pas de ripailles sans un bon canon, au fil de ce livre, nos cavistes Charles, Marc, Jordan et Mélodie (cave l'Antrepot à Brives-Charensac) vous suggèrent les boissons qui accompagneront à merveille nos recettes.

RECETTES DE VIANDES

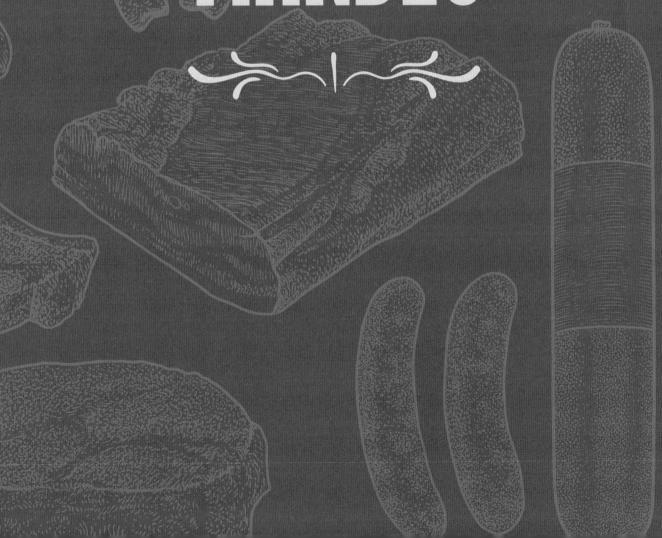

FRANGO ASSADO
ou poulet à la portugaise

Une recette à essayer... *avant de l'adopter à coup sûr ! Le poulet est cuit en crapaudine directement au-dessus des braises. Les saveurs dégagées par la marinade lors de la cuisson vous feront prendre un vol direct pour le Portugal. Bom apetite !*

› **Pour 4 personnes**
› **Marinade : 12 h**
› **Cuisson : 45 min**

* 1 poulet

Pour la marinade
* ½ verre de vin blanc
* Le jus de 1 demi-citron
* 3 c. à s. d'huile d'olive
* 2 feuilles de laurier
* 4 gousses d'ail hachées
* 1 c. à s. de gros sel
* 2 c. à s. de paprika
* ½ c. à c. de piri piri
   (à ajuster selon les goûts)
* Poivre

1. Réalisez la marinade en mélangeant tous les ingrédients.

2. Ouvrez le poulet en crapaudine et disposez-le dans un plat, puis incisez les parties charnues du poulet (cuisses et flans).

3. Versez la marinade sur le poulet et massez-le pour la faire adhérer. Couvrez d'un film alimentaire avant de le laisser au réfrigérateur pendant 12 h.

4. Déposez le poulet, partie interne sur la grille du barbecue à 200 °C. Conservez la marinade restante pour arroser et badigeonner le poulet régulièrement pendant les 45 min de cuisson.

5. Pour une viande tendre et légèrement fumée, nous faisons cuire avec le couvercle du barbecue fermé.

Accord
Vin blanc d'Alsace
Les vignes du prêcheur
Domaine Weinbach

SOURIS D'AGNEAU *confite*

> **Pour 2 personnes**
> **Cuisson : 4 à 6 h**

* *1 souris d'agneau*
* *Huile d'olive*
* *1 c. à s. de moutarde*
* *2 c. à s. de miel*
* *Zaatar*
* *3 gousses d'ail*
* *1 oignon*
* *Sel*

1. Massez la viande à l'huile d'olive avant de la frotter avec le zaatar auquel vous aurez rajouté une cuillère à café de sel.

2. Préparez le barbecue en cuisson indirecte à 130 °C et déposez la viande pour la cuire jusqu'à atteindre 70 °C interne. Réservez.

3. Dans un poêlon en fonte, faites revenir l'oignon émincé dans l'huile, ajoutez les gousses d'ail écrasées, puis le miel et la moutarde. Après 5 minutes, ajoutez la souris d'agneau en l'enrobant de la sauce obtenue avec une cuillère.

4. Laissez cuire jusqu'à atteindre 93 °C interne en arrosant régulièrement la viande pendant la cuisson. Si nécessaire, ajoutez de l'eau à la sauce en cours de cuisson pour la délayer.

5. Servez avec des légumes (navets, carottes...), que vous pouvez faire cuire dans le poêlon en fonte pendant la dernière heure de cuisson.

Accord
Vin rouge, vallée du Rhône
Châteauneuf-du-pape
Tradition, domaine Féraud

MEATBALL

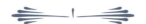

Grand classique de la culture barbecue, il s'agit ni plus ni moins que de boulettes de viande hachée, farcies au fromage, lardées et laquées. La recette parait simple, et pourtant, le diable se cache dans les détails, et c'est en travaillant ces détails que vos meatballs seront mémorables !

> **Pour 6 personnes**
> **Cuisson : 20 min**

* *700 g de bœuf haché*
* *300 g de chair à saucisses*
* *50 tranches fines de poitrine fumée*
* *200 g de saint-nectaire*
* *Sauce BBQ (voir p. 132)*

Pour le rub :
* *1 c. à s. de sucre roux*
* *1 c. à s. de sucre d'érable*
* *1 c. à c. de fleur de sel*
* *1 c. à c. d'ail semoule*
* *1 c. à c. de paprika*
* *½ c. à c. de graines de coriandre*
* *½ c. à c. de poivre concassé*
* *1 c. à c. d'oignon déshydraté*

1. Mélangez les viandes avec les épices, puis formez des boulettes d'environ 40 g.

2. Insérez au centre de chaque boulette un cube de 1 cm de côté de saint-nectaire, puis enroulez chaque boulette avec 2 tranches de poitrine fumée.

3. Placez vos boulettes sur la grille de votre barbecue, et faites cuire environ 15 min à 180 °C.

4. Laquez la sauce BBQ sur les boulettes à l'aide d'un pinceau, puis poursuivez la cuisson 5 min.

5. Servez bien chaud.

Accord
Vin rouge, Côtes de Provence
Clos Cibonne

Ne commettez pas l'erreur des meatballs à base d'une viande hachée 100 % bœuf ou 100 % porc. Chez les Ripailleurs, on a trouvé NOTRE recette ultime : des boulettes de viande 70 % bœuf, 30 % porc, farcies avec du saint-nectaire, lardées avec de la poitrine fumée maison.

ÉFFILOCHÉ *de bœuf*

Parmi les recettes phares des *smokers* et autres fanatiques de barbecue, les recettes de *pulled pork* (porc effiloché) et de *pulled lamb* (agneau effiloché) ont une place de choix. Si comme nous, vous êtes un *aficionado* du bœuf, cette recette de *pulled beef* est faite pour vous. De plus, le morceau est un paleron, facile à trouver chez tous les bouchers et qui ne demande aucune découpe une fois à la maison.

La difficulté de cette recette réside dans la maîtrise de la température du barbecue (entre 115 et 130 °C). La cuisson est longue et vous pouvez être amené à rajouter du charbon en cours de cuisson (comptez 7 à 10 h).

Les recettes d'effilochés au barbecue et au fumoir sont nombreuses (avec du porc, de l'agneau, du bœuf...) et les façons de faire le sont également. À vous de vous approprier notre recette et de la modifier à votre guise. Après tout, tout n'est qu'affaire de goût !

> **Pour 6 personnes**
> **Cuisson : de 7 à 10 h**
> **Repos : 1 h**

* *2 kg de paleron de bœuf*
* *Huile d'olive*
* *3 c. à s. de sucre roux*
* *2 c. à s. de sel*
* *1 c. à s. de sumac*
* *1 c. à s. de paprika*
* *1 c. à s. d'ail semoule*
* *1 c. à s. de graines
  de moutarde torréfiées*
* *200 ml de jus de pomme ou
  pomme/framboise*
* *100 ml de vinaigre de cidre*

Accord
Vin rouge, Cahors
Le Combal
domaine Cosse Maisonneuve

1. Allumez le barbecue pour une cuisson indirecte à 120 °C.

2. Mélangez les épices avec le sel et le sucre. L'utilisation d'un mortier est recommandée pour obtenir une poudre homogène. Enduisez le paleron d'huile d'olive et frottez généreusement toute la surface de la viande avec le mélange d'épices.

3. Placez le paleron sur la grille et mettez un récipient d'eau sous le morceau de viande (ici une barquette en aluminium). Disposez des morceaux ou des copeaux de bois de fumage sur les braises (rappel : cuisson indirecte, donc les braises ne sont pas positionnées sous la viande). Nous avons utilisé un fumoir de type offset pour cette recette, aussi, nous n'avons donc pas utilisé de bois de fumage (puisque nous utilisions du bois comme combustible et non du charbon), ni de récipient d'eau, mais cette étape est indispensable pour vous si vous n'utilisez pas le même type de barbecue.

4. Piquez avec la sonde du thermomètre puis faites cuire jusqu'à atteindre 75 °C interne. Retirez la viande de la grille et emballez-la dans du papier aluminium ou du papier de boucher, puis versez sur la viande le jus de pomme et le vinaigre. Doublez l'emballage et remettez sur la grille jusqu'à atteindre une température de 93 °C interne. Effectuez la mesure en perçant l'emballage avec votre sonde de thermomètre jusqu'à atteindre le cœur de la viande.

5. Retirez la viande de la grille et laissez-la reposer 1 h avant de l'effilocher à l'aide de deux fourchettes.

6. Ici on le sert dans des pains hamburger ou bien avec de la purée, ou encore des frites. Le *pulled beef* se conserve facilement (sous vide puis au congélateur) et se consomme très bien après avoir été réchauffé. Avec les restes vous pouvez réaliser un hachis parmentier.

CÔTE DE BŒUF
en cuisson inversée

Dans le pays de l'AOP Fin Gras, il n'est pas rare qu'on invite ses amis à déguster une bonne côte de bœuf préparée au barbecue. Seulement, il n'est pas aisé de cuire cette pièce de viande épaisse de façon homogène, avec justesse, et on se retrouve souvent avec une viande grillée à l'extérieur, et crue à l'intérieur. On vous propose donc d'innover avec cette méthode de cuisson « inversée », dans laquelle on cuit d'abord, et on grille ensuite. Cette cuisson est plus longue que la cuisson traditionnelle, mais elle vous permettra de cuire votre côte de bœuf à la perfection.

> **Pour 4 personnes**
> **Cuisson : 45 min**
> **Repos : 15 min**

* *Côte de bœuf*
* *Fleur de sel*
* *Poivre*

Accord
Vin rouge, vallée du Rhône
Côte-rôtie, domaine Jamet

1. Salez et poivrez chaque face de la côte de bœuf, puis déposez-la sur la grille pour une cuisson indirecte à 120 °C pendant 35 à 45 min, le temps d'atteindre 42 °C à cœur. Réservez.

2. Mettez le barbecue en configuration pour une cuisson directe, à 250 °C, et faites griller la viande pendant 1 min 30 sur chaque face. L'autre alternative est de déposer la viande directement sur les braises, 30 secondes sur chaque face.

3. Retirez la viande du barbecue et emballez-la dans de l'aluminium ou du papier boucher pour la laisser reposer 10 à 15 min, afin que les fibres musculaires se détendent et que la viande s'attendrisse.

4. Pour la dégustation, on vous propose d'accompagner votre côte de bœuf d'une sauce chimichurri (voir p. 134)

RIBS *de bœuf*

Tout le monde connaît les ribs de porc. On vous propose une version bovine avec un morceau typiquement français, le plat de côtes, que l'on utilise habituellement dans le pot-au-feu. Munissez-vous de patience, cette recette est longue et peut durer 7 à 8 h. Contrairement aux traditionnels ribs de porc, les ribs de bœuf ne nécessitent pas de laquage.

> **Pour 4 personnes**
> **Fumage : 1 h**
> **Cuisson : 7 à 8 h**
> **Repos : 1 h**

* *1 kg de plat de côtes*
* *Moutarde douce*
* *Melfor ou vinaigre de cidre*

Pour le rub :
* *1 c. à s. de fleur de sel*
* *1 c. à s. de graines de moutarde torréfiées*
* *1 c. à s. de graines de coriandre torréfiées*
* *1 c. à c. de poivre concassé*
* *1 c. à c. de poudre d'ail*

1. Préparez le barbecue pour une cuisson indirecte à 120 °C.

2. Badigeonnez les morceaux de plat de côtes avec la moutarde douce puis massez avec le rub.

3. Mettez quelques morceaux de bois de fumage sur vos braises. Placez les ribs sur la grille et faites fumer pendant 1 h.

4. À partir de là, arrosez de vinaigre toutes les 45 min avec un pulvérisateur, et laissez cuire jusqu'à 95 °C interne.

5. Emballez la viande puis laissez-la reposer pendant 1 h avant de déguster.

Accord
Vin rouge du Languedoc
Les Creisses, domaine des Creisses

RAGOÛT DE BŒUF
à la bière

Du bœuf, de la bière...
what else ?

> Pour 6 personnes
> Cuisson : 3 h

* 1 kg de collier de bœuf ou de viande à bourguignon
* 4 carottes
* ½ céleri rave
* 1 oignon
* 200 g de poitrine de porc fumée
* Farine
* 50 cl de bière brune (type Guinness)
* 50 cl de bouillon de bœuf
* 2 feuilles de laurier
* 1 branche de thym
* Sel, poivre
* Huile d'olive

1. Coupez la viande en gros cubes et farinez légèrement chaque face. Découpez la poitrine en lardons. Émincez l'oignon, nettoyez et découpez les légumes en cubes.

2. Dans une cocotte, mettez un filet d'huile d'olive et faites revenir les lardons, l'oignon et les légumes. Ajoutez la viande et faites dorer chaque face.

3. Assaisonnez avec le sel, le poivre, le thym et le laurier. Versez la bière, laissez cuire 5 min puis ajoutez le bouillon.

4. Déposez votre cocotte sur la grille du barbecue et faites cuire à feu doux pendant 3 h, à 120 °C.

Accord
Bière ambrée de la brasserie des Sagnes

DINDE *effilochée*

Une recette facile à réaliser, économique et surprenante !

> **Pour 5 personnes**
> **Saumurage : 6 h**
> **Cuisson : 3 à 5 h**
> **Repos : 45 min**

* *Une cuisse de dinde de 1,2 kg*
* *10 cl de jus de pomme*

Pour la saumure à injecter :
* *500 ml d'eau*
* *1 cube de bouillon de volaille*
* *1 c. à c. d'ail en poudre*
* *2 c. à s. de jus de citron*
* *120 g de beurre fondu*
* *1 c. à s. de sel*
* *1 c. à c. de poivre*

Pour le rub :
* *1 c. à s. de cassonade*
* *1 c. à c. de sel*
* *1 c. à c. de paprika*
* *1 c. à c. d'ail en poudre*
* *1 c. à c. d'origan*
* *½ c. à c. de cumin*

Accord
Vin blanc, Côtes du Rhône Coudoulet de Beaucastel famille Perrin

1. 6 h avant la cuisson, faites fondre le beurre dans une casserole et ajoutez les ingrédients de la saumure. Chauffez entre 5 à 8 min à feu doux en remuant, puis laissez refroidir le mélange une dizaine de minutes. Avec une seringue, injectez lentement la saumure dans la cuisse de dinde à plusieurs endroits (seulement la moitié de la saumure devrait suffire, conservez le reste). Laissez reposer la viande 6 h au réfrigérateur.

2. Dans le barbecue à 120 °C en cuisson indirecte, placez des copeaux de bois de fumage (du citronnier ou du cerisier par exemple, évitez le chêne ou le noyer pour la viande blanche).

3. Placez la cuisse de dinde sur la grille et laissez cuire jusqu'à atteindre 75 °C à cœur (mesuré dans la partie la plus charnue) en badigeonnant le reste de saumure toutes les 30 min sur la viande.

4. Sortez la viande du barbecue et emballez-la dans du papier aluminium ou du papier boucher avec le jus de pomme. Remettez-la dans le barbecue jusqu'à atteindre 95 °C interne.

5. Laissez reposer dans son emballage et effilochez après 30 à 45 min.

BONBONS DE PORC
au miel de pays

> **Pour 6 personnes**
> **Fumage : 2 h**
> **Cuisson : 1 h**

* Poitrine de porc sans os
* Huile d'olive
* 100 g de beurre

Pour le rub :
* *2 c. à s. de sucre roux*
* *1 c. à s. de paprika*
* *1 c. à s. d'ail semoule*
* *½ c. à s. de poivre du Brésil*
* *1 c. à s. de sel de Guérande*
* *1 c. à c. de graines de moutarde torréfiées*

Pour la sauce :
* *1 morceau de gingembre de la taille d'une noix*
* *3 gousses d'ail*
* *4 c. à s. de miel*
* *3 c. à s. de vinaigre de miel*
* *1 c. à s. de sauce sriracha (facultatif)*

Autrement appelé ***Pork belly burnt ends*** chez nos amis outre-Atlantique, nos bonbons de porc au miel de pays sont une invitation à la gourmandise qu'on sort au moment de l'apéritif.

1. Découennez la poitrine de porc et découpez des cubes de 3 cm de côtés. Disposez les cubes dans un plat puis versez 2 cuillères à soupe d'huile d'olive et mélangez pour que chaque surface soit huilée. Mélangez les ingrédients du rub et appliquez-le sur les morceaux de porc.

2. Dans votre barbecue, en cuisson indirecte à 120 °C, mettez des copeaux de bois de fumage (ici citronnier) et déposez les cubes sur la grille. Laissez fumer pendant 2 h.

3. Réalisez la sauce : râpez le gingembre et écrasez les gousses d'ail. Mélangez les ingrédients et faites chauffer à feu doux pour obtenir une sauce homogène.

4. Disposez les cubes de viande dans un plat et laquez-les avec la sauce, ajoutez le beurre coupé en morceaux et couvrez d'aluminium.

5. Faites cuire 1 h dans le barbecue.

Accord
Porto rouge
Niepoort 10 ans

CARRÉ DE COCHON FUMÉ
au foin

Quoi ? Du foin ?! *Oui, mais chez les Ripailleurs, nous n'utilisons pas n'importe lequel puisque nous utilisons du foin des plateaux du Mézenc ! Chez vous, à moins de partager notre chance et de vivre à proximité du Mézenc, vous pouvez utiliser n'importe quel autre foin, à condition qu'il soit naturel et sans pesticides. Le foin du plateau du Mézenc est composé de plusieurs dizaines de plantes, dont le cistre, que l'on appelle également fenouil de montagne, car son goût est légèrement anisé. Ce foin est partie intégrante de l'alimentation du bœuf AOP Fin Gras du Mézenc.*

> Pour 4 personnes
> Cuisson : 45 min à 1 h
> Repos : 20 min

* *Un carré de porc avec la couenne (ou une côte de porc de bonne largeur)*
* *Huile d'olive*
* *Foin*

Pour le rub :
* 1 c. à s. de paprika
* 1 c. à c. de poivre en grains
* 1 c. à s. de sel de Guérande
* 1 c. à s. de sucre roux
* 1 c. à s. de graines de moutarde
* 1 c. à c. de graines de coriandre

1. Dans une poêle, faites torréfier pendant 1 à 2 min les graines de poivre, de moutarde et de coriandre.

2. Dans un mortier, écrasez les graines torréfiées et mélangez avec les autres épices, le sel et le sucre. Entaillez la couenne de votre carré de porc avec la pointe d'un couteau en traçant des lignes parallèles pour former des losanges. Huilez toutes les faces du carré de porc et massez avec le mélange d'épices.

3. Dans le barbecue préchauffé à 130 °C, mettez une grosse poignée de foin dans les braises, placez le carré sur la grille et fermez le couvercle. Avant de refermer le couvercle, le foin devrait s'embraser, et la fermeture du couvercle va éteindre les flammes et lancer le fumage.

4. Laissez cuire jusqu'à atteindre 63 °C interne.

5. Emballez dans de l'aluminium et laissez reposer pendant 20 min avant de servir.

Accord
Vin rouge, Beaujolais Morgon, domaine de Vernus

Cette recette nous a consacré, avec le burger poulet-écrevisses, champions de France de barbecue en 2021. Nous l'avions servi avec une purée aux cèpes et un jus de cochon réalisé avec les parures et les os du morceau brut qui nous avait été donné pour l'épreuve.

QUASI DE VEAU
fumé au foin

> **Pour 6 personnes**
> **Cuisson : 45 min à 1 h**
> **Repos : 20 min**

* *1 quasi de veau*
* *Huile d'olive*
* *Foin*

Pour le rub :
* *1 c. à s. de paprika*
* *1 c. à s. de sel de Guérande*
* *1 c. à s. de cassonade*
* *1 c. à c. d'ail en poudre*
* *1 c. à c. d'oignon en poudre*
* *1 c. à c. de poivre concassé*

1. Badigeonnez le quasi de veau d'huile d'olive et massez avec le mélange d'épices.

2. Dans votre barbecue à 110 °C, en configuration cuisson indirecte, placez une poignée de foin sur vos braises, déposez la viande sur la grille et fermez le couvercle.

3. Faites cuire jusqu'à atteindre 47 °C interne.

4. Réservez la viande, et passez le barbecue en cuisson directe, à 200 °C. Déposez de nouveau la viande sur la grille pour la saisir sur chaque face.

5. Emballez la viande dans de l'aluminium et laissez-la reposer 20 min avant de découper et de servir.

Accord
Champagne 1er cru
Les Vignes de Vrigny
Egly-Ouriet

ÉCHINE DE PORC
effilochée (pulled pork)

Pour tous les amateurs de barbecue, il y a un avant et un après *pulled pork*. C'est long à préparer, mais ça en vaut la peine, et une fois effilochée, libre à vous de déguster la viande telle quelle, en hachis parmentier, dans un burger… et de vous régaler !

› **Pour 6 personnes**
› **Cuisson : 6 à 9 h**
› **Repos : 1 h**

* 1 échine de porc avec os
* Huile d'olive ou moutarde douce
* Melfor ou vinaigre de cidre
* Jus de pomme

Pour le rub :
* 1 c. à s. de sel
* 1 c. à s. de cassonade
* 1 c. à s. de paprika
* 1 c. à c. d'ail en poudre
* 1 c. à c. de poivre concassé
* ½ c. à c. de piment en poudre

1. Réalisez le rub. Badigeonnez la viande de moutarde douce ou d'huile d'olive et massez avec le rub sur toutes les surfaces.

2. Faites cuire au barbecue en cuisson indirecte à 110-120 °C jusqu'à atteindre 73 °C à cœur.

3. Emballez la viande dans du papier boucher ou 3 couches de papier aluminium et ajoutez 1 grand verre de mélange 1/3 vinaigre et 2/3 jus de pomme.

4. Remettez sur la grille et faites cuire jusqu'à atteindre 93 °C à cœur.

5. Laissez reposer pendant 1 h dans l'emballage avant d'effilocher dans un plat à l'aide de deux fourchettes.

6. Rectifiez l'assaisonnement en ajoutant sel et poivre. Récupérez le jus contenu dans l'emballage pour le verser sur la viande et ajoutez 10 cl de jus de pomme.

Accord
Bourbon Blanton's

SAUCISSON *brioché*

Un classique de la cuisine de bistrot donc forcément les Ripailleurs adorent !

> Pour 6 personnes
> Repos : 1 h
> Cuisson : 1 h 20

* *300-400 g de pâte à brioche, selon la taille du moule à cake (voir p. 128)*
* *1 saucisson à cuire*
* *Farine*
* *Beurre*
* *1 jaune d'œuf*

1. Faites cuire le saucisson pendant 40 min dans de l'eau frémissante. Retirez la peau du saucisson puis laissez-le refroidir.

2. Dans un moule à cake préalablement beurré, placez la pâte à brioche. Farinez légèrement le saucisson et ajoutez-le à la pâte de manière à ce qu'il soit recouvert.

3. Laisser lever pendant 1 h à température ambiante.

4. Dorez la pâte avec le jaune d'œuf puis faites cuire 40 min à 180 °C au four… ou au barbecue !

Accord
Vin rouge , Côte de Brouilly
La Chapelle, Château Thivin

CHILI DU PUY

On aime tellement notre terroir que l'on vous propose notre variante de cet étendard de la cuisine Texmex, le chili con carne, dans cette version avec des lentilles vertes… du Puy ! La recette se base sur un effiloché de bœuf réalisé au barbecue, et la cuisson en cocotte du chili peut se réaliser en cuisine ou au barbecue.

> **Pour 6 personnes**
> **Cuisson : 45 min**

* *1 paleron de bœuf de 2 kg*
* *500 g de lentilles vertes du Puy*
* *2 gousses d'ail*
* *2 oignons*
* *Huile d'olive*
* *70 cl de bouillon de bœuf*
* *2 tomates pelées*
* *30 cl de coulis de tomate*
* *1 c. à s. de cumin en poudre*
* *1 c. à c. de graines de cumin*
* *1 c. à s. de paprika*
* *1 c. à c. d'origan*
* *½ c. à c. de piment en poudre*
* *Sel, poivre*

1. Réalisez un effiloché de bœuf (recette p. 48).

2. Émincez les oignons et hachez l'ail. Faites-les revenir dans une cocotte avec de l'huile d'olive.

3. Ajoutez le coulis, les épices, les tomates, le bouillon et les lentilles préalablement rincées à l'eau claire.

4. Laisser cuire à feu doux pendant 20 min. Ajoutez le bœuf effiloché et mélangez bien. Mouillez avec du bouillon à hauteur si nécessaire et continuez à faire cuire 25 min à feu doux.

Accord
Vin rouge, Corse
Rosumarinu
domaine Sant Armettu

PASTRAMI

> Pour 8 personnes
> Saumurage : entre 15 et 21 jours
> Dessalage : 24 h
> Repos : 2 h
> Cuisson : 7 à 10 h

* 2,5 kg de paleron ou de poitrine de bœuf

Pour la saumure :
* 30 g de sel nitrité
* 5 litres d'eau
* 220 g de gros sel
* 150 g de sucre roux
* 1 c. à s. de graines de moutarde
* 1 c. à s. de graines de coriandre
* ½ c. à c. de piment
* 3 clous de girofle
* 3 feuilles de laurier
* 1 bâton de cannelle
* 1 c. à c. de gingembre en poudre
* 4 gousses d'ail écrasées

Pour le rub :
* 4 c. à s. de graines de moutarde jaune
* 4 c. à s. de graines de coriandre
* 4 c. à s. de poivre grossièrement moulu
* 2 c. à s. de paprika fumé
* 1 c. à s. de sucre roux
* 1 c. à s. d'ail semoule

Recette phare de la culture barbecue nord-américaine, c'est une recette longue, qui mérite de l'attention et de la précision. Le pastrami à la new-yorkaise est préparé avec une poitrine de bœuf. La version des ripailleurs sera préparée avec du paleron de bœuf, plus facile à trouver chez nos bouchers traditionnels français. Nous avons préparé notre recette avec un magnifique paleron de bœuf de race Aubrac, maturé 180 jours par Mickaël Chabanon, MOF, champion d'Europe et champion du Monde de boucherie.

La viande crue est mise en saumure pendant 2 à 3 semaines selon sa taille, puis elle est séchée et enrobée d'un mélange d'épices. Elle est alors fumée puis cuite en *low and slow* au barbecue.

1. Parez la poitrine de bœuf en enlevant le gras dur. Idéalement, on conserve 5 mm d'épaisseur de gras. Il est indispensable lors de cette étape et les deux suivantes de travailler avec des gants et dans un environnement propre pour éviter le développement de bactéries lors des manipulations de la viande ou de la préparation de la saumure.

2. Préparez la saumure : faites bouillir le mélange 5 min en remuant bien pour dissoudre le sel et le sucre. Laissez le mélange refroidir et ajoutez 30 g de sel nitrité.

3. Immergez la viande dans la saumure. Réfrigérez et laissez mariner une vingtaine de jours (la durée peut varier selon le poids et l'épaisseur de la viande), en retournant la viande tous les jours. Pour cette recette, nous vous conseillons une mise en saumure de 21 jours. Ce temps est nécessaire pour que la saumure pénètre jusqu'au cœur de la viande. De plus, nous avions également injecté de la saumure dans la viande. L'injection n'est pas obligatoire mais elle permet de s'assurer que la saumure atteigne le cœur du morceau.

4. Rincez la viande et videz le récipient. Remplissez-le d'eau froide et replacez la viande à l'intérieur pendant 24 h pour la dessaler.

5. Faites torréfier les graines composant le rub quelques minutes dans une poêle bien chaude, puis broyez les ingrédients du rub dans un mortier. Frottez la viande avec le rub sur toutes les surfaces puis placez-la au frais pendant 1 h.

6. Préchauffez le barbecue à 110 °C en cuisson indirecte, et placez dans les braises des morceaux ou des copeaux de bois de fumage. Faites fumer la viande jusqu'à atteindre 70 °C interne.

7. La cuisson du pastrami traditionnelle est réalisée dans un four vapeur ou un cuiseur vapeur. On va donc créer de la vapeur dans notre barbecue en installant un récipient d'eau et en laissant cuire la viande en cuisson indirecte, sans qu'elle soit en contact avec l'eau, jusqu'à 95 °C interne. Si vous utilisez un barbecue en céramique de type Kamado, inutile de mettre un récipient d'eau.

8. Emballez la viande dans du papier boucher ou de l'aluminium pendant 1 h.

9. Tranchez finement soit au couteau soit avec une trancheuse pour servir avec de la moutarde, des pickles…

Accord
Vin rouge de la vallée du Rhône
Gigondas « Les Routes », domaine des Bosquets

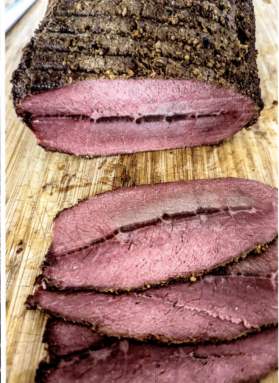

RECETTES DE STREET-FOOD

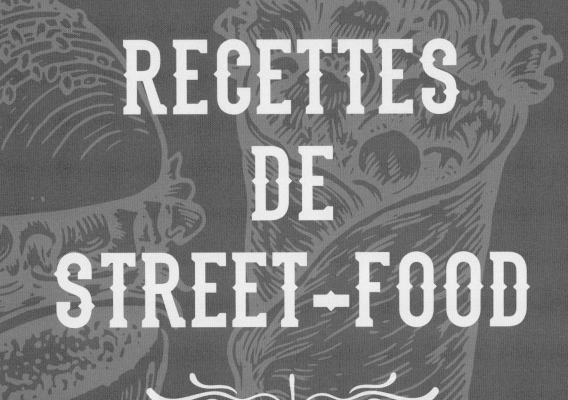

BURGER *des champions*

> Pour 4 burgers
> Cuisson : 20 min

* 400 g de blanc de poulet
* 100 g d'écrevisses
* 10 g de sel
* 2 g de poivre fraîchement moulu
* ½ citron vert
* 25 g de bisque d'écrevisses
* 100 g de chapelure panko
* 2 œufs
* 100 g de farine
* Huile d'olive
* 4 pains burger (voir recette p. 126)
* 80 g de coleslaw (voir recette p. 104)
* 10 cl de crème fraîche liquide
* 80 g de comté
* Légume de saison pour le dressage (salade, tomate, oignon rouge)

Accord
Vin blanc d'Alsace
Les vignes du prêcheur
domaine Weinbach

Cette recette nous a permis de décrocher le titre de champion de France de barbecue en 2021 dans la catégorie burger, et le titre de Grill Master en remportant le classement général. Nous souhaitions relever deux défis et impressionner le jury en préparant nos buns durant l'épreuve, bien que le temps soit limité et les conditions pas optimales pour la pousse des pains, et en proposant un steak de poulet aux écrevisses, en hommage à Paul Bocuse.

1. Hachez les blancs de poulet et les écrevisses au couteau et mélangez-les dans un saladier. Ajoutez le sel, le poivre, le jus et le zeste du citron vert et la bisque d'écrevisses.

2. Divisez le mélange en 4 parts égales et formez les steaks. Panez les steaks en les trempant dans la farine, puis l'œuf battu et enfin la chapelure panko.

3. Dans une poêle en fonte, dans votre barbecue à 200 °C, faites revenir les steaks dans un fond d'huile d'olive pendant 20 min en les retournant à mi-cuisson. Il est important de cuire couvercle fermé pour que les steaks s'imprègnent du goût de fumée.

4. Réalisez une sauce fromagère dans un caquelon en faisant fondre le comté dans la crème fraîche.

5. Montez les burgers en y mettant de bas en haut : coleslaw dans lequel vous aurez ajouté une cuillère à soupe de bisque, feuille de salade, steak, sauce fromagère, tranche de tomate et oignons rouges émincés.

KEBAB *du Mézenc*

Chez les Ripailleurs, si on aime les tablées traditionnelles et les repas qui s'éternisent, on apprécie aussi la street-food... à notre façon : avec des produits de qualité, souvent issus de notre terroir et cuisinés dans la plus pure tradition des Ripailleurs avec une cuisson au barbecue, de la fumée et du goût !

Ce kebab du Mézenc, c'est la contradiction entre le sandwich incontournable de la street-food et notre terroir, avec le bœuf AOP Fin Gras du Mézenc, une viande saisonnière d'exception issue de bêtes nourries au foin et à l'herbe des pâturages locaux. Cette viande se caractérise par sa tendreté et un persillage qui en font un produit incontournable de la table des Ripailleurs.

> **Pour 4 personnes**
> **Cuisson : 5 à 7 h**
> **Repos : 1 h**

* *1 kg de macreuse ou de paleron de bœuf*
* *Vinaigre de miel ou Melfor*
* *Jus de framboise*
* *Pains pita (voir p. 124)*
* *Salade*
* *Tomates*
* *Oignons rouges*
* *Crème fraîche épaisse*
* *Ciboulette*
* *Menthe*
* *Estragon*
* *Citron*

Pour le rub :
* *1 c. à s. de sel*
* *1 c. à s. de sucre roux*
* *1 c. à c. d'ail semoule*
* *1 c. à s. de paprika*
* *1 c. à c. de poivre grossièrement moulu*

1. Si nécessaire, parez la viande en enlevant le gras dur autour de la pièce de viande. Préparez le rub en mélangeant les ingrédients au mortier. Enduisez la viande d'huile d'olive puis massez-la avec le rub.

2. Dans le barbecue, préparé pour une cuisson indirecte à 120 °C, ajoutez à la braise des copeaux de bois de fumage. Pour cette recette, nous avons utilisé un bois fort en goût (fûts de whisky, chêne…).

3. Laissez cuire dans un premier temps jusqu'à 73 °C à cœur.

4. Emballez la viande dans du papier boucher ou de l'aluminium avec un mélange vinaigre de miel/jus de framboise (50/50), puis remettez-la dans le barbecue pour atteindre 93 °C à cœur.

5. Laissez reposer 1 h dans l'emballage.

6. Préparez une crème montée en fouettant la crème fraîche puis ajoutez la ciboulette, la menthe, l'estragon, du sel et du poivre ainsi que le jus de citron.

7. Garnissez les pains de sauce, ajoutez la salade, les tomates, les oignons et enfin la viande émincée finement (notre préférence) ou effilochée.

Accord
Bière blonde de la brasserie
Ouroboros

PAIN AUVERGNAT

Définition : plat signature des Ripailleurs, imaginé pendant le premier confinement de la crise de la covid-19 pour remonter le moral des copains.

> **Pour 6 personnes**
> **Cuisson : 5 à 7 h**
> **Repos : 30 min**

* *1,5 kg de poitrine de porc sans os et avec couenne*
* *Huile d'olive*
* *Jus de pomme*
* *Vinaigre de cidre*
* *Pains pita (voir p. 124)*
* *Sauce blanche ou BBQ (voir p. 132 et 138)*
* *Salade*
* *Tomates*
* *Oignons rouges*

Pour le rub :
* *2 c. à s. de sucre*
* *1 c. à s. de sel*
* *1 c. à s. de paprika fumé*
* *1 c. à s. d'ail en poudre*
* *1 c. à c. de poivre concassé*
* *1 c. à c. d'oignon en poudre*
* *1 c. à c. de piment (facultatif)*

1. Préparez le barbecue pour une cuisson indirecte à 120 °C.

2. Incisez la couenne de la poitrine de porc en quadrillage et badigeonnez la viande avec de l'huile d'olive. Mélangez les ingrédients du rub au mortier puis appliquez-le sur la viande en faisant bien pénétrer dans le quadrillage de la couenne.

3. Jetez une poignée de copeaux de bois de fumage dans la braise, puis placez la poitrine de porc, côté couenne, sur la grille.

4. Faites cuire jusqu'à atteindre 74 °C interne, en vaporisant dès la fin de la première heure, toutes les 30 min, avec un mélange de 2/3 jus de pomme et 1/3 vinaigre de cidre.

5. Retirez la viande du barbecue, emballez-la dans de l'aluminium puis laissez-la reposer pendant 30 min.

6. Ouvrez les pains et garnissez-les de sauce blanche ou de sauce BBQ, ajoutez des oignons rouges, des tomates, de la salade et de fines tranches de poitrine de porc.

Accord
Vin rouge, Côtes d'Auvergne Boudes, Xavier Abonnat

NACHOS *fumés*

› **Pour 4 personnes**
› **Cuisson : 10 min**

* *200 g de chips tortilla*
* *2 piments jalapenos*
* *100 g d'olives noires*
* *200 g de cheddar râpé*
* *300 g de viande de bœuf hachée ou d'effiloché de bœuf (voir p. 48)*
* *1 oignon rouge*
* *1 oignon cébette*
* *1 c. à s. de crème fraîche épaisse*
* *4 c. à s. de guacamole*
* *Huile d'olive*
* *Sel, poivre*

1. Émincez l'oignon rouge puis faites-en revenir la moitié dans l'huile d'olive pendant 3 min. Ajoutez la viande. Une fois la viande cuite, réservez dans un plat.

2. Dans un plat allant au barbecue, versez en couches successives : viande/chips/oignon rouge émincé/rondelles de jalapenos/rondelles d'olives/oignon cébette émincé/cheddar râpé.

3. Placez 1 ou 2 morceaux de bois de fumage (ici du pommier) sur vos braises et fermez le barbecue pour une cuisson de 8 à 10 min.

4. Servez avec une cuillère de crème fraîche épaisse au centre du plat, et quelques cuillères de guacamole.

Accord
Mezcal

KEBAB *du chasseur*

Avec cette recette, on rapproche deux mondes que tout oppose : la chasse et ses traditions, avec la street-food et ses codes. Pour y parvenir, nous nous sommes lancés dans la réalisation d'un kebab du chasseur, autrement dit, un kebab à l'effiloché de chevreuil.

Pour réussir un effiloché, il faut que la viande cuise lentement et à basse température. Ce mode de cuisson est parfaitement adapté à des viandes grasses avec une certaine quantité de tissus conjonctifs, ce qui n'est pas le cas pour notre viande de chevreuil. Pour attendrir la viande, deux solutions : la saumurer ou l'injecter. Dans le cadre de notre recette, on voulait conserver une viande tendre et juteuse, et twister un peu le goût pour se rapprocher des codes de la street-food, on a donc fait le choix de l'injection.

Accord
Vin rouge de la vallée du Rhône
Cornas Nouvelle R
Guillaume Gilles

> **Pour 6 personnes**
> **Cuisson : 4 à 5 h**

* *1,2 kg de rôti de chevreuil, issu de la chasse française de préférence*
* *6 pains pita (voir p. 124)*
* *100 ml de vinaigre de cidre ou de Melfor*
* *150 ml de jus de pomme*

Pour le rub :
* *1 c. à s. d'ail en poudre*
* *2 c. à s. de cassonade*
* *2 c. à s. de paprika*
* *½ c. à c. de piment de Cayenne*
* *½ c. à c. de poivre*
* *1 c. à s. d'origan*

Pour la sauce :
* *200 g de fromage blanc*
* *2 gousses d'ail*
* *Le jus d'un demi-citron*
* *Persil, ciboule, menthe, estragon*

Pour garnir le pain pita :
* *Feuilles de mâche*
* *Cheddar ou cheddar fumé*
* *Châtaignes cuites*

Pour l'injection de la viande :
* *50 cl d'eau*
* *40 cl de jus de pomme*
* *10 cl de whisky*
* *40 g de gros sel*
* *10 cl de vinaigre de cidre ou de Melfor*
* *1 c. à c. de piment de Cayenne*
* *1 c. à c. d'origan*

1. Faites chauffer à la casserole les ingrédients de l'injection de la viande pour que tout se mélange et se dissolve bien. Laissez refroidir puis injectez la préparation dans le rôti de chevreuil.

2. Préparez le rub à l'aide d'un mortier. Enduisez la viande d'huile d'olive pour massez-la avec le rub pour bien le faire adhérer.

3. Allumez le barbecue et une fois les braises prêtes, jetez une poignée de bois de fumage dessus. Déposez la viande sur la grille, piquez avec une sonde et refermez le couvercle du barbecue pour que le fumage se fasse.

4. Lorsque la température interne de la viande atteint 75 °C, sortez-la et déposez-la sur 3 épaisseurs de papier aluminium ou de papier boucher. Mélangez le vinaigre de cidre et le jus de pomme puis versez sur la viande. Refermez l'emballage de la viande avec le papier bien hermétiquement, et remettez sur la grille du barbecue.

5. Réalisez la sauce au fromage blanc en mélangeant tous les ingrédients.

6. Lorsque la sonde indique 95 °C interne, retirez la viande et mettez-la dans un plat en conservant le jus. Effilochez-la.

7. Servez la viande effilochée dans des pains pita maison, avec la sauce, le cheddar, des feuilles de mâche et des éclats de châtaignes ou de noix.

HALLOUMI *burger*

Dans ce burger, pas de viande, mais un sandwich qui reste gourmand. Le steak est remplacé par une tranche épaisse de halloumi, un fromage chypriote, que l'on trouve facilement en épicerie et en grande surface. Il offre l'avantage de bien tenir à la cuisson et son goût est incroyable après un passage au barbecue.

> Pour 4 personnes
> Cuisson : 8 min

* 4 pains burger (voir p. 126)
* 500 g de halloumi
* 200 g de coleslaw (voir p. 104)
* 4 feuilles de sucrine
* 4 tranches de cheddar
* Paprika
* Sauce de votre choix

1. Coupez le halloumi en 4 tranches de 120 g environ. Badigeonnez d'huile d'olive chaque tranche et saupoudrez légèrement de paprika.

2. Dans votre barbecue, en cuisson directe à 200 °C, faites cuire les tranches 4 min sur chaque face. Les marques de la grille sur le fromage doivent être bien visibles.

3. Marquez les faces internes des pains burger sur la grille chaude.

4. Assemblez les burgers en déposant du coleslaw, une tranche de halloumi grillée, une tranche de cheddar, une feuille de sucrine et pour finir une cuillère de sauce de votre choix. Pour en avoir testé plusieurs, une mayonnaise relevée au tabasco ou du guacamole s'associaient très bien avec le burger.

Accord
Vin blanc, AOP Côtes de Provence
Cuvée Figuière Première famille Combard

RECETTES DE POISSONS & CRUSTACÉS

SAUMON CUIT
en feuille de cerisier

Une recette rapide et simple, mais tellement originale et délicieuse qu'elle va scotcher vos convives. Le saumon est cuit au barbecue, enveloppé dans des feuilles de bois de cerisier !

> **Pour 2 personnes**
> **Trempage : 1 h**
> **Cuisson : 20 min**

* *2 pavés de saumon*
* *2 feuilles de bois de cerisier (ou cuisson en papillote classique)*
* *2 c. à s. de jus de citron*
* *1 oignon nouveau*
* *1 cm de gingembre frais*
* *Quelques brins d'aneth*
* *Huile d'olive*
* *Sel, poivre*

1. Préparez les feuilles de cerisier en les faisant tremper pendant 1 h dans de l'eau à température ambiante. Émincez l'oignon finement, râpez le gingembre et ciselez l'aneth.

2. Déposez le saumon, chair vers le haut, dans les feuilles de cerisier, puis versez un filet d'huile d'olive, et une cuillère de jus de citron. Salez, poivrez puis déposez des lamelles d'oignon, du gingembre râpé et de l'aneth.

3. Roulez fermement les feuilles de cerisier autour du poisson et fermez le tube ainsi obtenu avec de la ficelle alimentaire.

4. Faites cuire pendant 20 min sur la grille du barbecue, à 160 °C.

Accord
Vin rosé, Languedoc
Ze Rosé
domaine du Pas de l'Escalette

QUEUES
de langoustes

> **Pour 2 personnes**
> **Cuisson : 20 min**

* 2 queues de langoustes
* 60 g de beurre
* 2 gousses d'ail
* 2 c. à s. de persil ciselé
* 1 c. à c. de gingembre frais râpé
* Sel et poivre

1. Ouvrez les queues de langoustes en deux. Mélangez le beurre ramolli, le persil, l'ail, le gingembre, et une pincée de sel et de poivre.

2. Enduisez la chair des langoustes avec la moitié du beurre persillé et placez-les à plat, chair vers le haut, sur la grille de votre barbecue à 200 °C.

3. Faites cuire pendant 20 min en appliquant le reste du beurre persillé à mi-cuisson.

Accord
Vin blanc de Bourgogne
Chassagne-Montrachet
« Les Houillères »
domaine Morey-Coffinet

SAUMON
sur planche de cèdre

> Pour 4 à 6 personnes
> Trempage : 1 h
> Cuisson : 35 min

* 1 kg de filet de saumon
* 1 citron
* 2 c. à s. d'huile d'olive
* 1 c. à c. de sel
* 1 c. à c. de cassonade
* 1 pincée de poivre
* 1 c. à c. d'aneth ciselée
* Planche de cèdre
  (au rayon barbecue des magasins de bricolage ou en jardineries)

Accord
Gin Tonic
Gin Monkey 47 & Tonic
Fever Tree

1. Réalisez une marinade en mélangeant l'huile d'olive, la cassonade, le sel, le poivre, l'aneth ciselé et le zeste d'un demi-citron.

2. Placez le saumon dans un plat, côté peau vers le bas, et badigeonnez-le de la marinade.

3. Dans un contenant, disposez la planche de cèdre, recouvrez-la d'eau, et mettez une boite de conserve dessus pour la maintenir immergée. Laissez tremper pendant 1 h.

4. Préparez le barbecue en cuisson directe à 200 °C. Mettez la planche sur la grille et retournez-la au bout de 5 min.

5. Placez le saumon, côté peau sur la planche, et disposez des tranches de citron côté chair. Laissez cuire jusqu'à atteindre 52 °C interne ou pendant 15 à 30 min, selon l'épaisseur du filet, pour avoir une cuisson nacrée.

LÉGUMES &
ACCOMPAGNEMENTS

MOUTABAL

Une recette de mezze simplissime et délicieuse. À déguster en tartine ou en dip.

> **Pour 6 personnes**
> **Cuisson : 40 min**

* *3 aubergines*
* *12 gousses d'ail*
* *Huile d'olive*
* *2 c. à s. de tahini*
* *Sumac*
* *Graines de sésame*
* *1 citron*
* *Sel, poivre*

1. Nettoyez et fendez vos aubergines en deux. Quadrillez la chair à l'aide de la pointe de votre couteau et arrosez chaque face d'huile d'olive. Assaisonnez de sel et poivre.

2. Placez chaque moitié d'aubergine dans 2 couches de papier aluminium afin de former des papillotes. Claquez les gousses d'ail et placez-les à l'intérieur de vos papillotes.

3. Déposez les papillotes dans la braise de votre barbecue et laissez cuire 40 min. Au bout de ce temps, vérifiez la cuisson au toucher. Si la consistance se rapproche de la purée, alors c'est cuit.

4. Récupérez la chair des aubergines et écrasez-la avec une fourchette. Récupérez la chair des gousses d'ail et mélangez-la avec la purée d'aubergine obtenue. Ajoutez le tahini, versez un filet d'huile d'olive, le jus du citron, salez et poivrez.

5. Avant de servir, parsemez de graines de sésames et de sumac.

POTIMARRONS *fumés*

> **Pour 4 personnes**
> **Fumage : 20 min**
> **Cuisson : 50 min**

* 2 potimarrons
* 2 c. à s. d'huile de noix
* 120 g de croûtons
* 120 g de lardons de poitrine fumée
* 4 c. à s. de crème d'Isigny
* 100 g de comté râpé
* Sel, poivre

1. Allumez le barbecue pour un fumage en cuisson indirecte à 120 °C, sur grille avec 2 morceaux de bois de fumage (ici du noyer).

2. Faites revenir les lardons dans une poêle pendant 4 à 5 min et réservez-les. Lavez, coupez le haut et creusez les potimarrons en retirant les graines ainsi que les filaments.

3. Remplissez les potimarrons avec une couche de croûtons, une couche de lardons, un filet d'huile de noix, la crème d'Isigny et le comté râpé. Assaisonnez et replacez le couvercle des potimarrons.

4. Disposez les potimarrons sur la grille du barbecue pour un fumage d'environ 20 min. Ouvrez l'arrivée d'air pour monter la température à 150-160 °C et laissez encore cuire 30 à 45 min. La chair du potimarron doit être tendre.

CHAMPIGNONS
farcis à la ricotta

> **Pour 4 personnes**
> **Cuisson : 20 min**

* *12 gros champignons de Paris*
* *50 g de beurre demi-sel*
* *1 oignon nouveau*
* *1 gousse d'ail*
* *125 g de ricotta*
* *½ botte de persil*
* *Sel, poivre*

1. Pelez délicatement les chapeaux des champignons à l'aide d'un couteau, retirez les pieds et réservez-les. Ciselez le persil et émincez l'oignon.

2. À l'aide d'un robot, mixez les pieds des champignons, le beurre, l'ail, la ricotta et une pincée de sel et de poivre. Ajoutez ensuite l'oignon et le persil à la farce.

3. Garnissez les champignons avec la farce et disposez-les sur le barbecue à 180 °C. Laissez cuire 15 à 20 min.

COLESLAW

Un indispensable de la culture barbecue pour accompagner vos viandes grillées, mais aussi rentrer dans la composition de vos burgers. Ce coleslaw est ultrasimple à réaliser et se prête très bien aux variantes : plus ou moins acidulée, ou encore avec d'autres légumes racines comme du céleri-rave. Selon que vous le préparez tôt ou non avant la dégustation, il sera plus ou moins croquant.

> Pour 4 à 6 personnes
> Repos : 12 à 24 h

* ½ chou blanc
* 4 carottes
* 2 c. à s. de cassonade
* 10 cl de vinaigre de miel ou de vinaigre de cidre
* 1 c. à s. de graines de sésame blond

Pour la mayonnaise :
* 1 jaune d'œuf
* 1 c. à s. de moutarde forte
* 10 cl d'huile de tournesol
* 1 pincée de sel et de poivre
* 1 trait de vinaigre
* 1 c. à c. de bisque d'écrevisses ou de homard (facultatif)

1. Émincez finement le chou et râpez les carottes. Mélangez-les dans un saladier avec le vinaigre et le sucre.

2. Laissez reposer pendant 12 à 24 h au réfrigérateur, selon la texture souhaitée. Plus il repose, moins il est croquant.

3. Réalisez votre mayonnaise : mélangez le jaune d'œuf et la moutarde, puis ajoutez progressivement et lentement l'huile tout en fouettant. Pour réaliser le coleslaw des Ripailleurs, ajoutez de la bisque à la mayonnaise.

4. Versez la mayonnaise dans le saladier de coleslaw et mélangez. Pour une variante plus crémeuse, vous pouvez ajouter une cuillère à soupe de yaourt nature et la déduire de la quantité de mayonnaise.

5. Torréfiez les graines de sésame dans une poêle chaude et versez sur le coleslaw au moment du service.

POMMES DE TERRE
frappées

Issue de la cuisine traditionnelle portugaise, cette recette est aussi simple que surprenante. Elle changera des pommes de terre emballées dans l'aluminium et que l'on fait cuire dans les braises.

> **Pour 4 personnes**
> **Cuisson : 30 min**

* *12 petites pommes de terre*
* *Huile d'olive*
* *2 gousses d'ail hachées*
* *1 brin de romarin*
* *Fleur de sel*

1. Lavez les pommes de terre et faites-les cuire 20 min dans de l'eau bouillante. Hachez l'ail et mélangez-le avec le romarin et de l'huile d'olive.

2. Égouttez les pommes de terre puis placez-les sur votre plan de travail. Donnez un léger coup de poing à chacune d'entre elles pour les fendre.

3. Mettez les pommes de terre sur la grille du barbecue à 180 °C et badigeonnez-les au pinceau avec le mélange huile d'olive, ail et romarin.

4. Laissez cuire 10 min et parsemez de fleur de sel et d'un filet d'huile d'olive avant de servir.

SALADE
de sucrines grillées

Bien sûr que les **Ripailleurs mangent de la salade !** En revanche, cette dernière est cuisinée au barbecue. A travers cette recette, on vous propose une salade détonante et étonnante qui introduira parfaitement vos barbecues entre amis.

›**Pour 4 personnes**
›**Cuisson : 7 min**

* *4 sucrines*
* *Huile d'olive*
* *Fleur de sel*
* *50 g de pignons de pins*
* *80 g de copeaux de parmesan*

Pour la sauce :
* *1 jaune d'œuf*
* *1 c. à s. de jus de citron*
* *1 gousse d'ail hachée*
* *10 à 15 cl d'huile d'olive selon la consistance recherchée*
* *1 c. à s. de câpres hachées*
* *50 g de parmesan râpé*
* *Sel, poivre*

1. Préparez le barbecue pour une cuisson directe à 200 °C.

2. Coupez les sucrines en deux dans le sens de la longueur. Badigeonnez d'huile d'olive les faces tout juste coupées et saupoudrez de fleur de sel.

3. Placez les sucrines, faces coupées sur la grille, et laissez cuire couvercle fermé pendant 5 à 7 min.

4. Préparez la sauce en mélangeant les ingrédients dans un saladier ou au mixeur.

5. Retirez les sucrines du feu et placez 2 moitiés dans chaque assiette, face grillée vers le haut. Versez la sauce en filet et servez avec des pignons de pins et des copeaux de parmesan.

Accord
Vin blanc
Petit Chablis
domaine Billaud-Simon

CAMEMBERTS *fumés*

Une recette qui s'accommode parfaitement à nos moments de ripaille. Ces camemberts fumés surprennent toujours les invités. Parfait pour accompagner une belle planche de charcuterie. Ne négligez pas la qualité des camemberts (évitez les camemberts allégés, le régime ce sera pour une autre fois !) et surtout choisissez des camemberts dans des boites en bois.

> **Pour 6 personnes**
> **Fumage : 30 min**
> **Cuisson : 6 min**

* *2 camemberts*
* *2 gousses d'ail*
* *2 branches de thym*
* *10 cl de vin blanc*
* *1 miche de pain de campagne*

1. Préparez le barbecue pour une cuisson directe à 180 °C.

2. Retirez les enveloppes en papier des camemberts et disposez-les dans leur boite en bois sans les couvercles. Entaillez le haut des camemberts, et glissez de l'ail haché et du thym dans les entailles. Versez le vin blanc pour qu'il pénètre le fromage.

3. Ajoutez à la braise des copeaux de bois de fumage, placez les camemberts sur la grille et refermez le couvercle. Retirez les fromages après 30 min.

4. Coupez des tranches épaisses de pain de campagne. Versez un généreux filet d'huile d'olive sur chaque tranche et placez-les sur la grille pour les marquer de chaque côté, pendant 2 à 3 min.

5. Déposez tout au centre de la table pour que chaque convive vienne déguster le camembert sur une tranche de pain grillé.

Accord
Poiré granit d'Éric Bordelet

MOELLEUX
aux marrons

Une recette qui sent bon le terroir voisin : l'Ardèche !

> **Pour 6 personnes**
> **Fumage : 20 min**
> **Cuisson : 15 min**

* *100 g de beurre*
* *500 g de crème de marrons*
* *4 œufs*
* *40 g de farine*

1. Fumez à froid le beurre pendant 20 min (au foin ou à la sciure de hêtre).

2. Montez les blancs des œufs en neige.

3. Faites fondre le beurre, incorporez délicatement la crème de marrons, les jaunes d'œufs, la farine et les blancs montés en neige.

4. Versez dans un moule préalablement beurré et fariné, et faites cuire au barbecue, en cuisson directe à 170 °C, pendant 15 min.

CRUMBLE
aux pommes

> **Pour 6 personnes**
> **Cuisson : 20 min**

* *250 g de farine*
* *200 g de beurre*
* *125 g de sucre roux*
* *125 g de poudre d'amandes*
* *4 à 5 pommes*
(ou autres fruits de saison)

1. Nettoyez les pommes, puis coupez-les en tranches de 5 mm d'épaisseur. Faites-les cuire sur le barbecue à 180 °C, en cuisson directe, 5 min de chaque côté.

2. Réalisez le crumble en mélangeant la farine, le beurre, le sucre et la poudre d'amandes.

3. Dans un plat, disposez dans le fond les fruits et émiettez la pâte à crumble par-dessus.

4. Faites cuire au barbecue, toujours à 180 °C, pendant 15 à 20 min. Dégustez tiède avec une boule de glace à la vanille.

POTS DE CRÈME
fumée au chocolat

> **Pour 6 personnes**
> **Fumage : 20 min**
> **Repos : 2 h**

* *170 g de lait*
* *500 g de crème fraîche liquide*
* *140 g de jaunes d'œufs*
* *90 g de sucre*
* *400 g de chocolat en palets*
* *5 feuilles de gélatine*

1. Fumez à froid la crème et le lait pendant 20 min. Faites tremper les feuilles de gélatine dans un bol d'eau.

2. Réalisez une crème anglaise : faites bouillir le lait et la crème. Fouettez les jaunes d'œufs avec le sucre dans un autre récipient puis versez-les dans la casserole de lait et de crème. Chauffez à feu moyen, sans laisser bouillir, et sans cesser de remuer jusqu'à ce que le mélange s'épaississe.

3. Incorporez la gélatine puis versez la préparation sur le chocolat (en palets ou bien une tablette coupée en morceau au couteau). Mélangez et versez dans des pots.

4. Laissez prendre au frais pendant 2 h minimum.

FONDANTS AU CHOCOLAT
et chantilly fumée

Savez-vous que lors des concours de barbecue il y a aussi des épreuves de desserts ? Avec cette recette, nous sommes arrivés deuxièmes au Championnat de France.

> **Pour 6 personnes**
> **Fumage : 20 min**
> **Cuisson : 7 min**

* *210 g de beurre*
* *240 g de chocolat noir 64 %*
* *280 g de poudre d'amandes*
* *280 g de sucre glace*
* *210 g de blancs d'œufs*
* *60 g de farine*

Pour la crème chantilly :
* *250 g de crème liquide (30 % de matière grasse minimum)*
* *50 g de sucre*
* *1 sachet de sucre vanillé*
* *1 c. à s. de mascarpone*

1. Dans une casserole, sur votre barbecue à 170 °C, faites fondre le beurre avec le chocolat.

2. Retirez la casserole du barbecue et incorporez le reste des ingrédients dans l'ordre suivant, tout en mélangeant : poudre d'amandes, sucre glace, blancs d'œufs et farine.

3. Versez dans des moules préalablement beurrés et farinés et faites cuire pendant 6 à 7 min à 170 °C sur le barbecue.

4. Pour réaliser la chantilly, faites fumer à froid la crème pendant 20 min. Laissez refroidir au frais et montez la crème en chantilly à l'aide d'un robot, avec le reste des ingrédients.

ANANAS *rôti*

Bien qu'il soit présent sur les étals de nos primeurs toute l'année, la pleine saison de l'ananas se déroule de novembre à mars. Cultivé à la Réunion, en Guyane ou encore en Guadeloupe, figurez-vous qu'il est aussi cultivé en France Métropolitaine ! Privilégiez la variété Victoria dont la chair tendre est très sucrée.

› **Pour 4 personnes**
› **Marinade : 6 h**
› **Cuisson : 30 min**

* 1 ananas victoria
* 500 ml d'eau
* 200 g de sucre
* 1 gousse de vanille
* 5 cl de rhum

1. Réalisez un sirop en faisant chauffer l'eau, le sucre, la gousse de vanille incisée dans le sens de la longueur et le rhum dans une casserole. Stoppez la cuisson lorsque le sucre a totalement fondu.

2. Préparez l'ananas en retirant l'écorce et ôtez les yeux. Dans un récipient à bords hauts, faites mariner l'ananas dans le sirop refroidi pendant 6 h.

3. Préparez le barbecue pour une cuisson directe à 160 °C et placez l'ananas debout. Faites cuire 30 min et arrosez toutes les 5 min avec le sirop.

PÂTES
& PAINS

PAINS PITA

> Pour 6 pains
> Repos : 2 h 30
> Cuisson : 14 min

* 400 g de farine T55 ou T65
* 100 g de semoule de blé fine
* 320 g d'eau
* 20 g de levure fraîche
  (ou 7 g de levure sèche)
* 20 g d'huile d'olive
* 1 c. à c. de sel

1. Mélangez la farine, la semoule, la levure et l'eau puis pétrissez au robot ou à la main. Ajoutez le sel et l'huile et pétrissez de nouveau pendant 10 min jusqu'à obtenir une boule.

2. Placez la boule dans un saladier recouvert d'un torchon et laissez lever pendant 1 h 30 à température ambiante.

3. Dégazez en écrasant la pâte avec la paume de votre main afin d'en chasser l'air et formez 6 boules. Aplatissez-les avec la paume de la main sur une plaque recouverte d'un papier cuisson. Laisser reposer de nouveau pendant 1 h.

4. Avec un pinceau, badigeonnez les boules d'huile d'olive et faites-les cuire dans un four chaud ou sur une pierre à pizza au barbecue à 190 °C pendant 14 min.

PAINS BURGER

> **Pour 6 buns**
> **Repos : 1 h 15**
> **Cuisson : 20 min**

* *500 g de farine T55*
* *20 g de levure fraîche*
* *10 g de sel*
* *25 g de sucre*
* *200 g d'eau*
* *65 g de lait*
* *1 œuf*
* *1 blanc d'œuf pour la dorure*
* *125 g de beurre froid*
* *Graines de sésame*

1. Mélangez la farine, le sel et le sucre dans un pétrin ou un saladier. Ajoutez la levure, puis l'eau, l'œuf et le lait. Pétrissez pendant 10 min.

2. Ajoutez le beurre froid coupé en cubes et pétrissez de nouveau pendant 15 min. Mettez la pâte dans un saladier préalablement fariné, formez une boule et couvrez d'un linge propre. Laissez lever pendant 45 min.

3. Réalisez 6 boules de 120 g et laissez de nouveau lever pendant 30 min.

4. Dorez au blanc d'œuf et saupoudrez de sésames ou d'autres graines. Faites cuire pendant 18 à 20 min sur une pierre à pizza au barbecue à 180 °C.

PÂTE *à brioche*

Mais pourquoi donc les Ripailleurs partagent une recette de pâte à brioche ? Mais pour le saucisson brioché bien sûr ! Et celle que l'on vous partage, c'est celle de Julien Gradoz, vainqueur de la Catering World Cup en 2017, autrement dit Champion du Monde des traiteurs.

> Pour 6 à 8 personnes
> Repos : 1 h 30 min
> Cuisson : 40 min

* *500 g de farine T55*
* *12 g de sel*
* *21 g de levure fraîche*
  (ou 8 g de levure sèche)
* *250 g d'œufs battus*
* *50 g de lait entier*
* *250 g de beurre*
* *1 jaune d'œuf*
* *80 g de sucre*
  (pour une version sucrée)

1. Mélangez dans un batteur ou à la main la farine, le sel, le sucre, la levure, les œufs et le lait et faites tourner 10 min.

2. Ajoutez le beurre coupé en cubes et mélangez jusqu'à obtenir une pâte lisse. Filmez au contact et laissez lever 30 min à température ambiante.

3. Versez la pâte dans un plat à cake préalablement beurré et fariné, puis laissez lever de nouveau pendant 1 h à température ambiante.

4. Dorez la pâte avec le jaune d'œuf à l'aide d'un pinceau, puis faites cuire dans un four chaud à 180 °C pendant 40 min.

SAUCES

SAUCE BBQ

Il y a autant de recettes de sauce barbecue que de passionnés de barbecue. Chacun y va de sa recette, plus ou moins sucrée, pimentée ou non, avec ou sans whisky… Nous vous proposons la nôtre, qu'il conviendra de vous approprier pour en faire votre sauce signature pour accompagner vos effilochés ou laquer vos viandes en fin de cuisson.

> **Cuisson : 20 min**

* 250 g de ketchup
* 1 c. à s. de mélasse (ou de miel)
* 1 c. à s. de sauce Worcestershire
* 2 c. à s. de vinaigre de cidre
* 1 c. à s. de paprika fumé
* 1 c. à s. de whisky
* 1 c. à s. de sel
* 1 c. à s. de poivre concassé
* 1 c. à s. de piment en poudre

1. Dans une casserole, mélangez tous ingrédients et portez à ébullition. Faites cuire environ 20 min à feu moyen jusqu'à atteindre une consistance sirupeuse.

2. Laissez refroidir et vérifiez l'assaisonnement avant de mettre en bouteille. La sauce se conserve 3 semaines au réfrigérateur.

3. Si vous souhaitez obtenir une version fumée, vous pouvez réaliser la cuisson dans votre barbecue, couvercle fermé, en veillant à remuer régulièrement pour éviter que la sauce brûle.

CHIMICHURRI

La sauce chimichurri est une variante de la salsa verde. C'est la sauce que l'on associe généralement à l'asado argentin. Elle est idéale pour accompagner des grillades de bœuf, mais aussi des saucisses fumées ou encore pour rehausser certains poissons.

* 1 bouquet de persil
* 2 gousses d'ail
* ½ oignon rouge
* 1 c. à s. d'origan ciselé
* 1 citron vert
* 10 cl d'huile d'olive
* 1 c. à s. de vinaigre de vin
* 1 c. à s. de fleur de sel
* 1 c. à c. de piment
  ou un piment frais

1. Ciselez le persil, et émincez finement l'oignon et l'ail.

2. Dans un mortier, ajoutez le persil, l'origan, le piment, l'ail, l'oignon, le zeste de la moitié du citron vert et le jus du citron en entier.

3. Écrasez au pilon et mélangez. Ajoutez l'huile et le vinaigre puis mélangez de nouveau. Cette sauce peut se conserver une dizaine de jours au réfrigérateur.

RELISH

La sauce relish est connue des amateurs de hot-dogs new-yorkais. C'est un condiment vinaigré à base de concombre ou de cornichon.

› **Repos : 6 h**
› **Cuisson : 20 min**

* 2 concombres
* 1 oignon
* 60 ml de vinaigre de cidre
* 1 c. à s. de sel
* 60 g de sucre
* 1 c. à c. de graines de moutarde
* ¼ c. à c. de curcuma

1. Râpez les 2 concombres ou coupez-les en petits cubes. Hachez finement l'oignon.

2. Dans un bol, mettez l'oignon, le concombre et le sel. Mélangez bien et laissez reposer une nuit au réfrigérateur.

3. Versez la préparation dans une passoire et rincez afin de retirer le sel. Mettez dans un linge propre, formez une boule et pressez pour égoutter.

4. Dans une casserole, portez à ébullition le vinaigre et incorporez le sucre, les graines de moutarde et le curcuma. Une fois le sucre dissous, ajoutez le concombre et l'oignon et laissez mijoter à feu doux pendant 10 min.

5. Laissez refroidir et versez la sauce relish dans un contenant en verre. Elle se conserve jusqu'à 3 semaines au réfrigérateur.

SAUCE BLANCHE

- *200 g de crème fraîche liquide*
- *100 g de fromage blanc*
- *1 échalote*
- *1 tasse de persil ciselé*
- *1 tasse de ciboulette ciselée*
- *½ tasse d'estragon ciselé*
- *½ tasse de feuilles de menthe ciselées*
- *Le jus et le zeste de 1 demi-citron*
- *1 c. à s. d'huile de noisette*
- *Sel, poivre*

1. Ciselez l'échalote.

2. Montez la crème comme pour une chantilly, puis mélangez avec le fromage blanc et le reste des ingrédients. Cette sauce est à conserver au réfrigérateur et se consomme dans les 48 h.

SAUCE PIQUANTE
à l'ail

Pour les connaisseurs, cette sauce s'approche de la recette de la sauce Sriracha. Elle est réalisée à partir de piments fermentés. Le choix des piments aura un impact direct sur le piquant de cette sauce, mais aussi la couleur ou encore les arômes. Notre recette donne une base que vous pourrez facilement faire évoluer en y mêlant d'autres ingrédients.

> **Fermentation : 3 semaines**
> **Cuisson : 10 min**

* *500 g de piments frais*
* *5 gousses d'ail*
* *8 g de sel*
* *2 c. à s. de vinaigre de cidre*
* *10 g de w*

1. Muni de gants, équeutez les piments, ouvrez-les en deux et retirez les graines (pour limiter le piquant). Pelez les gousses d'ail et écrasez-les dans un mortier avec les piments en conservant le jus obtenu.

2. Dans un bocal en verre type Le Parfait®, mettez la purée obtenue avec le jus, versez le sel et mélangez. Si nécessaire, ajoutez de l'eau pour que les piments baignent à hauteur dans le liquide.

3. Laissez fermenter pendant 3 semaines. Des bulles devraient apparaitre, signe que la fermentation est en cours.

4. Après 3 semaines, passez la purée de légumes au tamis et récupérez le jus.

5. Dans une casserole, mettez la purée de légumes, le vinaigre (quantité à adapter selon la consistance souhaitée) et le sucre. Faites bouillir puis maintenez à feu doux pendant 10 min en mélangeant bien. Lors de cette étape, il est indispensable d'aérer la cuisine.

6. À l'aide d'un robot, mixez le mélange obtenu, et ajoutez 1 ou 2 c. à s. du jus réservé pour adapter la consistance de votre sauce. Mettez en bouteille. Cette sauce se conserve au réfrigérateur jusqu'à 6 mois.

INDEX DES INGRÉDIENTS

A

Agneau, 44.
Ail, 42, 44, 46, 49, 51, 54, 58, 64, 66, 70, 72, 78, 80, 83, 90, 96, 100, 106, 107, 108, 134, 139.
Ananas, 120.
Aneth, 88, 92.
Aubergines, 96.

B

Beurre, 54, 58, 68, 90, 100, 112, 114, 118, 126, 128.
Bière brune, 52.
Bisque
  d'écrevisses, 76, 104.
  de homard, 104.
Bœuf, 46, 49, 50, 51, 52, 70, 72, 78, 81.
Bouillon
  de bœuf, 52, 70.
  de volaille, 54.

C

Camembert, 108.
Cannelle, 72.
Câpres, 107.
Carottes, 52, 104.
Carré de porc, 60.
Cassonade, 54, 64, 66, 83, 92, 104.
Céleri rave, 52.
Chair à saucisses, 46.
Champignons de Paris, 100.
Chapelure panko, 76.
Châtaignes, 83.
Cheddar, 81, 83, 84.
Chips tortilla, 81.
Chocolat, 116, 118.
Chou blanc, 104.
Ciboule, 83.
Ciboulette, 78, 138.

Citron, 42, 54, 78, 83, 88, 92, 96, 107, 138.
Citron vert, 76, 134.
Clous de girofle, 72.
Coleslaw, 76, 84.
Comté, 76, 98.
Concombre, 136.
Coriandre, 46, 51, 60, 72.
Côte de porc, 60.
Coulis de tomate, 70.
Crème, 76, 78, 81, 98, 116, 118, 138.
  de marrons, 112.
Croûtons, 98.
Cumin, 54, 70.
Curcuma, 136.

D

Dinde, 54.

E

Échalote, 138.
Échine de porc, 66.
Écrevisses, 76.
Estragon, 78, 83, 138.

F

Farine, 52, 68, 76, 112, 114, 118, 124, 126, 128.
Feuilles de bois de cerisier, 88.
Foin, 60, 64.
Fromage blanc, 83, 138.

G

Gélatine, 116.
Gingembre, 58, 72, 88, 90.
Guacamole, 81.

H

Halloumi, 84.
Huile de noisette, 138.
Huile de noix, 98.
Huile de tournesol, 104.

Huile d'olive, 42, 44, 49, 52, 58, 60, 64, 66, 70, 76, 80, 81, 88, 92, 96, 106, 107, 124, 134.

J

Jus de framboise, 49, 78.
  de pomme, 49, 54, 66, 80, 83.

K

Ketchup, 132.

L

Lait, 116, 126, 128.
Lardons, 98.
Langoustes, 90.
Laurier, 42, 52, 72.
Lentilles, 70.
Levure, 124, 126, 128.

M

Mâche, 83.
Mascarpone, 118.
Mélasse, 132.
Melfor, 51, 66, 78, 83.
Menthe, 78, 83, 138.
Miel, 44, 58, 132.
Moutarde, 44, 49, 52, 58, 60, 66, 72, 104, 136.

O

Œuf, 68, 76 , 104, 107, 112, 116, 118, 126, 128.

Oignon, 44, 46, 52, 64, 70 , 80, 88, 100, 136.
  cébette, 81.
  rouge, 76, 78, 80, 81, 134.
Olives noire, 81.
Origan, 54, 70, 83, 134.

P

Pain, 108.
  burger, 76, 84.
  pita, 78, 80, 83.
Paprika, 42, 46, 49, 54, 58, 60, 64, 66, 70, 78, 83, 84.
  fumé, 72, 80, 132.
Parmesan, 107.
Pâte à brioche, 68.
Persil, 83, 90, 100, 134, 138.
Pignons de pins, 107.
Piment, 66, 70, 72, 80, 81, 132, 134, 139.
  de Cayenne, 83.
Piri piri, 42.
Planche de cèdre, 92.
Plat de côtes, 52.
Poitrine de porc, 52, 58, 80.
  fumée, 46.
Poivre du Brésil, 58.
Pommes, 114.
Pommes de terre, 106.
Potimarron, 98.
Poudre d'amandes, 114, 118.
Poulet, 76.

Q

Quasi de veau, 64.

R

Rhum, 120.
Ricotta, 100.
Romarin, 106.
Rôti de chevreuil, 83.

S

Saint-nectaire, 46.
Salade, 76, 78, 80.
Sauce blanche, 80.
Sauce sriracha, 58.

Saucisson à cuire, 68.
Saumon, 88, 92.
Sel nitrité, 72.
Semoule, 124.
Sésame, 96, 104, 126.
Sucre, 80, 116, 118, 120, 126, 128, 136, 139.
  d'érable, 46.
  glace, 118.
  roux, 46, 49, 58, 60, 72, 78, 114.
  vanillé, 118.
Sucrine, 84, 107.
Sumac, 49, 96.

T

Tahini, 96.
Thym, 52, 108.
Tomate, 70, 76.
Tomates, 78, 80.

V

Vanille, 120.
Vinaigre
  de cidre, 49, 51, 66, 80, 83, 104, 132, 136, 139.
  de miel, 58, 78, 104.
  de vin, 134.
Vin blanc, 42, 108.

W

Whisky, 83, 132.
Worcestershire, 132.

Z

Zaatar, 44.

REMERCIEMENTS

Nous tenons à remercier toutes les personnes bienveillantes qui nous accompagnent au quotidien dans notre aventure, certes passionnante mais parfois envahissante. Nos premières pensées sont pour nos compagnes, nos enfants, nos familles et nos amis pour avoir été embarqués dans cette histoire malgré eux. Nous avons la chance de vous avoir à nos côtés pour jouer le rôle de gouteurs, de critiques, de commis, de compagnons de ripailles, de relecteurs ou bien de garde-fous quand nos idées deviennent trop farfelues.

Nous remercions nos bouchers, Gabin, Mickaël et Thomas qui ont toujours su nous dénicher les plus belles pièces de viande pour nos recettes, les producteurs de notre terroir qui effectuent un travail fantastique au quotidien ainsi que nos partenaires : Kokko, GF Flam, la Cave l'Antrepot, Tormek, Horl, la Brigade des épices, Petromax pour leur soutien, leurs conseils et leurs produits et services de qualité.

N'oublions pas nos voisins, qui vivent dans un quotidien rempli d'odeurs et de fumée, désormais contraints de devoir faire sécher leur linge en intérieur ou encore nos collègues de travail, qui ont dû subir nos histoires de cuisine à chaque pause-café.

Enfin, merci à ceux qui ont fait de ce livre une réalité : Guillaume, en nous transmettant il y a quelques années l'étincelle du barbecue, le talentueux et passionnant Big T qui nous a fait l'honneur de signer la préface, Aurélie, la femme d'Aurélien, qui sublime la pâtisserie, aussi bien au Restaurant Vidal que sur un barbecue, et bien évidemment les Éditions Artémis pour leur bienveillance et leur professionnalisme.

Merci encore une fois à tous pour votre soutien. Vous contribuez quotidiennement à rendre notre passion du barbecue encore plus délicieuse et amusante.

Romain, Vincent, Loïc, Damien et Aurélien

CRÉDITS PHOTOGRAPHIQUES

Toutes les photos sont des Ripailleurs sauf :
Horl-Marcel Bischler® p. 15, Tormek® p.15, Kokko p.20, 21.
Shutterstock.com : squarelogo, KamimiArt, Bodor Tivadar p.10-11, 40-41, AmaPhoto p.12,
Mr. and mrs. Black p.14, Susan Edmondson p.16, JuliaDorian p.16, Patrick Daxenbichler p.26,
monticello p.34-35, New Africa p.37, dibettadifino p. 38, AVA Bitter p.86-87, Joshua Resnick p.93, zabavina p.94-95,
Brent Hofacker p.106, Nata_Alhontess p.110-111, Trendy Rowdy p.113, JiraBest p.115, margouillat photo p.117,
StocKNick p.122-123, Arthur Balitskii p.130-131, DenysHolovatiuk couverture.